江苏高校品牌专业建设工程一期项目（PPZY2015B105）资助

思想政治课
教学案例分析

朱丽萍　顾　莉　编著

南京大学出版社

图书在版编目(CIP)数据

思想政治课教学案例分析 / 朱丽萍,顾莉编著. —南京：南京大学出版社,2018.12
ISBN 978-7-305-21374-8

Ⅰ. ①思… Ⅱ. ①朱… ②顾… Ⅲ. ①政治课－教学研究－中学 Ⅳ. ①G633.202

中国版本图书馆 CIP 数据核字(2018)第 291752 号

出版发行　南京大学出版社
社　　址　南京市汉口路 22 号　　　邮　编　210093
出 版 人　金鑫荣

书　　名　思想政治课教学案例分析
编　　著　朱丽萍　顾莉
责任编辑　贾　辉　钱梦菊　　　　编辑热线　025-83686531

照　　排　南京南琳图文制作有限公司
印　　刷　江苏凤凰数码印务有限公司
开　　本　787×960　1/16　印张 11　字数 200 千
版　　次　2018 年 12 月第 1 版　2018 年 12 月第 1 次印刷
ISBN 978-7-305-21374-8
定　　价　30.00 元

网址：http://www.njupco.com
官方微博：http://weibo.com/njupco
官方微信号：njupress
销售咨询热线：(025) 83594756

* 版权所有,侵权必究
* 凡购买南大版图书,如有印装质量问题,请与所购
　图书销售部门联系调换

序　言

案例教学法是一种开放式、互动式的教学方法,是通过模拟或重现现实生活中的一些场景,让学员把自己纳入案例情境中,通过自主参与讨论或研讨,培养和提升学员分析和解决问题能力的教学方法。该方法起源于20世纪20年代,最初是由美国哈佛商学院所倡导,以商业管理中的真实情景或事件作为案例,到80年代,这种方法开始在师资培训中受到重视,尤其是1986年美国卡内基小组提出《准备就绪的国家:二十一世纪的教师》的报告书中,特别推荐案例教学法在师资培育课程的价值,并将其视为一种相当有效的教学模式。也是在这一时期,案例教学引入到国内教育界,并逐渐成为师资培训中不可或缺的教学方法。当前我国基础教育的师资培训中,案例教学既有助于将理论知识转化为实践能力,也有助于及时捕获和应对教育改革中出现的新情况、新问题,有助于推动我国教育改革的发展进程。

案例的选定、研究和编制是案例教学开展的前提和基础,也是目前我国师资培训中开展案例教学的难点和关键。为解决这一难题,本书编写者从自身多年的实践教学和理论研究出发,组织了若干富有经验的中学教学名师、教育管理者以及高等师范院校的专家、学者,历经多次研讨,并对不同层次师资培训的实际效果进行反思总结,从而选定十二个典型案例。

本书在案例选定和编制过程中力求做到以下几点:(1) 案例的典型性。具有典型性的案例应该能够直接反映培养目标和教学目的。本书以培养优秀思想政治教育者和工作者为总目标,分别从学校思想政治工作、学情分析方法、课堂教学改革、教师团队建设和个人成长等几个层面进行典型案例的选定。(2) 案例的真实性。只有真实可信的案例,学员才能身临其境地积极参与其中。本书案例都源自教学实践,如实反映基础教育一线教师及教育管理者的亲身经历,具有客观真实性和可靠性,但出于学术伦理精神,编者隐去了相关真实信息。(3)案例的时效性。理论具有抽象性和相对稳定性,案例则具有具体性和时效性,生动具体的案例总是随着社会发展尤其是教育改革的实践不断出现新情况新问题。因此,本书尽可能选定具有时代特征的新案例,以便于学员能够运用相关教育理论及时有效地解决教育实践中的现实性问题。(4)案例的启发性。案例教学不存在绝对正确的答案,目的在于启发学员独立自主地去思考、探索。为此,本书针对每一案例都提出了具有启发性、探究性的开放式思考题,拓展学员思维,培养学员独立思考能力,启发学员建立一套分析、解决问题的思维方式,并为开展学员互动讨论提供思路。

本书的适用对象包括思想政治教育专业本科生或研究生、教育管理专业本科生或研究生、中小学思想政治教师、中小学政治学科教研员、学校管理人员与行政人员等。为进一步提高案例的使用效率,本书编者为每一则案例都提供了教学和活动建议以及阅读书目,便于培训者有效开展案例教学。本书编著的过程中,崔维云、陈美兰、王德明、黄友芹、李明全、何永松等老师提供了素材,在此表示特别感谢!最后,我们衷心期待广大读者在阅读和使用本书的过程中,提出更好的建议和意见,提供更多精彩生动的案例,共同推动我国思想政治教育事业的繁荣发展。

编　者

2018 年 10 月

目 录

管理篇

案例一 "问题改进模式":S中学的变革之道 …………………………… 1
案例二 法治:X高中对现代学校治理的探索 …………………………… 12

育人篇

案例三 提升核心素养　践行立德树人 …………………………………… 26
案例四 X老师生命教育之探索 …………………………………………… 41

教学篇

案例五 H老师案例教学的实践与思考 …………………………………… 54
案例六 主线式教学情境的设计与应用 …………………………………… 66
案例七 Y老师基于学情分析的教学探索 ………………………………… 82
案例八 "鱼渔双授"与师生双赢 …………………………………………… 96

教研篇

案例九 基于核心素养的评课实践……………………………………… 109

案例十 《男生女生》课堂教学观察实录………………………………… 124

案例十一 课例研修：教师专业发展的快车道 ………………………… 141

案例十二 建构共同体：思想政治学科的名师成长之路 ……………… 156

案例一

"问题改进模式":S中学的变革之道

摘　要:D市S初级中学自2009年在苏北地区推进教育均衡以来,新的生源、新的规模、新的师资,给这所原本择优录取的"精英式名校"带来了管理的巨大挑战,也带来了发展的全新机遇。他们"另起一行"育人,拆分级部管理,激发成长自觉,锻造师资队伍,办学质量年年攀新。集团"由精英式名校向集团化名校嬗变"的发展思路、敢为人先的均衡教育经验,从D城走向J省。

关键词:初中管理　教育均衡　差异化育人　精致管理　成长自觉

 **背景信息**

S中学溯源于1905年创办的D县立初级中学,百年变迁中几易校址、数更其名。2009年夏,为全面推进均衡教育,D市市委、市政府整合市区初中教育资源,以原D城S中学为核心,组建教育集团。集团现有两个校区,116个班级,在校学生5 860人,在职员工453人。集团秉承百年老校的办学传统,以"崇德、砺志"的校风、"严谨、创新"的教风、"博学、多思"的学风闻名遐迩。学校以"进"为训,形成了"全面发展、人文积淀、体艺见长"的办学特色,践行着"让小草长成最好的小草,让乔木长成最高的乔木"的育人理想,彰显着"另起一行,我是第一"的教育主张。集团拥有省特级教师4人,教授级中学高级教师1人,高级教师151人,省"333高层次人才工程"科技带头人2人,Y市名教师、Y市及D市两级学科带头人、教学能手以及Y市教坛新秀164人,硕士研究生17人。10多人荣获国家级、省级课堂教学竞赛一等奖,其他各类奖项不胜枚举。目前,学校拥有教育部首批教育信息化试点学校、J省最具影响力初中、J省优秀教育工作先进集体、J省教育现代化示范初中、J省基础教育课程改革先进集体、J省百校数字化试点学校、J省依法治校示范学校、J省平安

校园、J省德育先进学校、J省体育先进学校、J省健康促进学校、J省红十字示范学校、Y市文明单位、Y市模范学校、Y市教育先锋号等若干殊荣。

案例正文

S中学发展过程中的"问题改进模式"

一、背景资料链接

2009年之前，作为D城城区唯一的一所择优录取的品牌老校，S中学一直倍受关注，处于风口浪尖，万众瞩目。在D城百姓对优质教育资源的迫切需求下，S中学的招生模式与校区数量一直在不断变化：

考试招生，择优录取，百里挑一；

部分考试，部分电脑派位；

全部电脑摇号招生；

完全按施教区划片招生；

校区由一个到四个，再到三个、两个。

S中学的学校性质，也在不断地发展变化着：

1905年，县立初中（优质生源）；

1997年，S中学（择优录取）；

2009年，组建集团（公平均衡）。

为体现公平均衡原则，让D城的每一位适龄孩子，都能公平地享受优质教育资源，充分放大老牌S中学原有的名校效应，满足D城人民都能送子女上名初中的愿望。D城市委市政府和教育局做出一个前瞻性的决定——以S中学为核心，组建集团，推进均衡。S中学被时代之潮推向了风口浪尖。品牌精英式名校，瞬间演变成一个将城区所有公办初中全部纳入的6 000多人的集团化大校。这在整个Y市尚属首例。没有任何成熟的经验可以借鉴，昔日生源好、师资优、升学率高的光环不再后，S中学在短短几年内就让集团发展的品质高位攀升，其行走路径和成功经验值得关注和研究。

二、问题呈现和改进模式

问题呈现1

推进教育均衡后，学生由"择优录取"转为"有教无类"。如何让不同层次的学生都能享受到成功的喜悦？如何让每一位家长都能正面看待学校提出的育人要求？如何动员社会各方面都能积极参与到关爱学生的健康成长和发展中来？这一系列问题的探讨，让学校明晰首先需从教育思想上进行真正的大转型。他们凝练了核心教育观、创新了优秀学生观、树立了个性发展观这"三观"为主要内容的育人行动指南。

改进模式

（一）凝练核心教育观——以"进"为风骨，引导学生"做最好的自己"

2012年，S中学全面展开"进"文化思想的培植，倾力打造校园文化的核心价值体系，努力彰显精英名校、集团大校的品牌效应。以校训核心词"进"的嵌入拓展，通过命名"进之楼"、落成"进之舟"、设计"进之徽"、创作"进之赋"、高唱"进之歌"等系列活动，把意蕴丰富的文化内涵转换成触目可见的文化形态，全面诠释集团文化的进取宗旨，生动形象地感召师生，争做崇德励志的人、笃学修远的人、精业有为的人、勤力创新的人。系列"进文化"活动的浸染，强大了学生的精神世界，提升了学生的生命质量，使校园成为学生的灵魂栖息地和成长的乐园。S中学与时俱进地凝练出"让小草长成最好的小草，让乔木长成最高的乔木"的教育理想，引导教师沿不同角度、循不同规律、以不同方法去开发和培养学生，避免"以学习成绩论成败"的单一教育模式导致学生各种心理问题的出现，让每个孩子都能得到最优化的发展与成功。

（二）创新优秀学生观——以全面发展为基准，推行"新三好"评价标准

早在过去精英式办学的进程中，学校就充分关注人才培养的全面性，不断推进素质教育。但社会上以升学率评价学校质量高低、家庭中以分数衡量孩子优劣的状况并未得到根本改变，这就导致了仍有不少教师"以成绩论英雄"，学生中"成绩一好遮百丑"的现象依然存在；而那些基础比较差、成绩平平的学生，心理压力比较大，自卑自叹、自暴自弃等心理健康问题比较突出。因此，改革评价机制，让每个学生都能获得成功显得尤为重要。为此，S中学在原有评价机制的基础上，不失时机推出"新三好"的评价标准：在校做"合格＋特长＋全面"的好学生，在家做"勤俭＋孝敬＋感恩"的好孩子，在社区做"公德＋责任＋模范"的好公民。这一评价机制，真正把学校教育面向全体学生、面向孩子的全面，使每个孩子都看到希望，使"好"的评价洒向每个孩子，温暖每一颗渴望成功的心灵，最大限度地减少心理缺失问题孩子的出现。

（三）树立个性发展观——人人皆可成才，"另起一行，我是第一"

随着集团化办学的铺开，"学困生"和"德困生"比例增多。常态生源下，决不能用统一要求去衡量、用同一标尺去评价。学校认为，"50个人排5队就有5个第一，排10队就有10个第一。因此，'另起一行，我是第一'，应成为均衡教育背景下，激励学生成人、成才、成功的重要途径，是让学生在'最近发展区'得到最优发展的经典策略。"基于这一认识，学校践行"差别化对待分数，特色化挖掘潜能"的教育，为孩子们提供了更多的"另起一行"的机会，期待更多的孩子能获得"我是第一"的成就感。如，原先的年度艺术节、科技节，不再定位为精英展示，而是大众参与；红五月歌咏比赛、体育节则要求全员参与；书香校园系列活动让学生涵养儒雅气质……对那些学习成绩暂时落后或者心理存在障碍的孩子，换个角度去寻找他们言行中的闪光点，让他们少一点自卑，多一些自信。努力挖掘他们的潜能，让他们有机会展示自己的长处，及时不遗余力地通过各种形式给予宣传和表彰。相信他们心里总有一个最温润的地方，倘若学校及时送去一缕阳光，就会让幼芽萌动，让生命绽放绚丽色彩。

问题呈现 2

学校由"小而精致"变为"规模庞大"，在组建集团规模办学之初，家长最看重统一和均衡。为此，集团组织大规模的集体备课，统一教案、作业、考试，"大一统"为集团的有效融合做出了贡献。但规模庞大的集团，出现了管不到、管不好、效率低、效益差的现象。

改进模式

（一）定位转型：近期目标和发展愿景相得益彰

从组建教育集团全面实施均衡教育的起步，到中心校区全面启用；从四个校区到两个校区到12个年级部管理格局的谋划，到100多个班级400多位教师分工的安排；从两个校区的平衡布局，到备受社会关注的初一年级就近招生方案的出台，S中人的汗水和担当，形成了D城初中招生稳定与和谐的局面，市区所有应届小学毕业生全部享受就近入学、均匀分班的公平均衡教育。S中学大胆构想均衡教育九年"三步走"的行动发展战略：

2009—2012年铺设公平均衡"填谷之路"；

2012—2015年打造优质均衡"建峰之路"；

2015—2018年开拓特色均衡"创新之路"。

（二）管理转型：年级管理的"拆分"与处室管理的"统一"

S中学改善职权配置，设立紧密型组织结构，实施"分条管理—分部落实—条块协作"的扁平化管理模式。集团校长、党委书记负责全面工作，副校长分管一条"线"的工作，如党务行政、德育思想、教学科研、总务后勤等，其中有两人各负责一个校区的全面日常管理工作，其余副校长，各负责一个年级（两个部）的日常管理。2012年秋学期起，将两个校区同一个年级拆分为四个独立平行的"级部"，全校三个年级拆分成12个有责有权的级部管理实体，级部之间实施管理和教学的个性化竞争，变原先每个年级38个班级统一步调的"大兵团作战"，为现在一个级部9~10个班级的"小部队竞争"。学校各年级的四个级部，对本级部的30~40教职员工实施全方位的过程管理，确保"在做对时有人及时表扬，在做错时有人有效规范"。除期中、期末集团统一考试外，其余一律由各级部"分包"，自主发展、自由竞争。在实施年级管理的"拆分"模式中，为防止单一强化级部管理而弱化职能处室的功能，集团从三方面强化处室管理的集权：一是选聘的12个级部主任，均为各职能处室的副职，级部主任首先要对所在的职能处室主任负责；二是分管12个级部的6位副校长，均为学校职能处室的分管领导，级部主任须对分管校长负责；三是每周办公会，各职能处室负责人通报安排下周重点工作，由级部主任落实、处室督查。在强化级部管理同时，加强职能处室的督查：两个校区专设一名教务处副主任，每日用校信通公示教师挂牌上课名单，每月督查反馈各校区集体备课、挂牌上课的实施，与级部常规考核进行比对，较好地实施了条块交叉管理的制约与激励，职能处室与级部的管理相得益彰。管理模式的创新，降低了管理的重心，提高了管理的效能，确保了集团的高效运作，使"大一统"的管理走向"小而包""优而特"。

（三）机制创新：人性似水的"人本"与制度似渠的"引领"

集团组建、校区整合、人员调整、责权重分……集团组建之后，焦点问题上矛盾在所难免。S中学"同理心"思考，让广大教职工真正参与学校各类制度的建立与完善。解决重难点问题，既充分考虑以人为本的关心，又强化制度似渠的引领。如："新龄"积分奖励。组建集团新建的新校区，距城较远，且施教区生源较差，教师到新校区工作的热情普遍不高。2012年暑期，为激励教职员工到新校区工作，学校出台从2009—2012近三年来以"新龄（在新校区的工作年限）"为核心的《教职工工作状况考核细则》。凡在新校区工作且满工作量的,或顾全大局对学校发展有特殊贡献的教职工,加分激励。所计分值,作为年终评先评优、绩效考核和岗位定级的参考。另一方面,就今后教职工的校区全盘调配出台人本化的制约措施:凡对校区分工不提个人要求的同志,一律随机调配;而提出个人要求的同志,首先必须服从学校安排,三年后再照顾或轮换到另一校区。职称考评认同。组建集团之后,教职工人数增至400多人。近年来,集团每年具备申报高、中级职称资格的人数,几乎为学校可推荐人数的10倍。为让90%的申报对象对校内落选"零意见",学校充分发扬民主,广泛听取群众意见,制定相对客观公正的《教职工高中级职称量化考核评分细则》。在具体操作过程中,学校借鉴Y市高层次人才评选办法,吸纳上届通过的教师担任评委,实施分组背对背打分并加权平均。方案出台渠道畅通,具体实施公开透明,得到广大教师理解和支持。干部管理"下沉"。组建集团之后,学生有教无类,班级参差不齐。为让教育管理工作更具有针对性、指导性,学校出台了《学校管理干部"蹲点班级、结对学生"制度》:45名中层以上干部,每人蹲点一个班级,兼任该班指导员;每人结对一个需帮扶的学生,担任该生的心理辅导员。这一举措,被评为Y市中小学十佳管理案例。为强化学校中层以上干部的管理功能,学校出台《教育教学管理巡查暨重点工作周记》制度,要求所有管理干部结合岗位职能,将每周开展的教育教学管理巡查暨重点工作推进情况进行记录,并把"周管理日记"在下一次办公会上交备查。

问题呈现3

教师由"好中选优"变为"全盘吸纳"。原先进入S中学工作的教师,都是通过面向社会,通过笔试、课试公开选聘的,师资队伍的整体水平较高。2009年整合D城所有公办初中后,S中学也全盘接纳了原各学校的教师。师资由原先的百十人扩大到四百多人,发展状况也参差不齐。

改进模式

(一)建构价值体系,促进教师的成长自觉

S中学致力于学校价值体系的建构,打造富有特色魅力的"进"文化,让老师在对工作持续的追求和价值的实现中自觉产生职业认同感和归属感。S中学充分尊重每一位教师的人格,保护他们的激情,促其尽快成长成熟。永远都留着一个高级教师聘任岗位,让临近退休的同志最后得到聘任,不影响他们退休后的工资待遇。如此这般催生教师在不同年龄、不同阶段都有着"学校为我,我为学校"的教育激情。学校要求教师树立"大家"意识,做到"有情有义相处、有声有色工作、有滋有味生活"。通过"政治上关心、业务上培训、感情上交融"等措施,引领教师强化道德修炼,形成勇立潮头的工作追求。学校提出"教育有思想、事业有追求、教学有激情、生活有诗意"的"四有"成长目标,并且搭建平台、开辟通道、鼓励学习、丰厚实践,充分开掘个人潜能。学校工会组织及时关注所有教师的家庭情况,力所能及地帮助教师解决实际困难;在加强考核管理的同时,注重营造宽松的工作氛围和构建良好的人际关系;开展家校互动和感恩教育活动,营造尊师重教的和谐氛围,让老师感受到职业的崇高,让家长和学生理解为师的艰辛。人本关怀,让教师心灵有所依;氛围营造,让教师学习有所乐;多管齐下,使得学校成为一个温暖的"大家",滋养着教师的幸福之根。

(二)完善制度体系,激发教师的成长热情

围绕教师的绩效考核,S中按照"师德为先、实绩为重"的原则重新审视各项细则,去除繁枝冗节。修订《学科带头人、教学能手评选细则》,引领教师比进步、比奉献、比成效,建构能者上、平者让、庸者退的倒逼机制。完善《教育教学质量考核细则》和《教师职称评聘办法》,注重"四率"(优秀率、合格率、进步率、达标率)考核,强化量化积分,聚焦过程评价,引领教师在看起点比进步的氛围中,在面向全体、分层推进的策略中实现自己的教育理想。面对学校办学规模大、师生人数多的实际,S中学全面推行"团队捆绑考核"制度,按照备课组、教研组、年级组进行量化评比,促进了团队协作、优势互补。定期组织召开"群英展示会""工作点评会",引领大家有思想地管理、有特色地工作、有创新地行走。作为一所县级市的示范性初中,S中学还承担着较为繁重的教科研任务,负有引领农村初中教育发展的重任。为充分发挥示范引领作用,学校要求教师以"高效优质"为目标,"不求大、只求实",广泛开展"草根式研究"。在课题规划和立项上,S中学要求每个教研组、备课组都有校本课题,在总课题、子课题之下,每个教师都必须有自己的研究专长。鼓励教师开展校本课程研究,积极编写校本教材,不断在研究中绽放生命的精彩。

(三)分层培训打磨,拓宽教师的成长平台

在实际工作中,S中学推行分层培训、分类打磨策略;制定规则,铺设平台,引领教师擂台比武、同伴互助、团队行走,激励他们充分展示、秀出精彩。学校通过常态的行政会、研讨会、咨询会,纳民言,聚民智,分享观点,改善方式,营造尊重、宽容、补位的工作氛围。通过"经验速递""案例分析""举案说法""观摩研讨"等方式,引导广大班主任钻研管理理论、研讨管理方式、提升管理境界。对于教师培训,通过集体备课、挂牌上课、举案说课以及题风建设、课题研究、专题研讨等方式,引领他们做智慧型、学者型、科研型、技术型教师,使教师个人发展风生水起、风光无限。对于在教育、教学、管理、研究等方面有个性、有点子、有潜力的教师,及时将他们列入培养计划,有意识地塑造他们、培植他们、激励他们,引领他们在挑战中体验、在探索中体认、在追求中体悟。S中以课改为平台,以课堂为阵地,锻造高品质的教师队伍。聚焦"让学引思"课改活动,通过"同课异构"教学实践,引导教师打造风格迥异的特色课堂。开展"一帮一""师徒结对"等活动,构建科研团队,助力青年教师的成长。每月邀请名师大家来校讲学,让教师与大师"零距离"接触,及时"充电"和"纠偏"。全面推行"教学反思""二次备课",激励教师取长补短、良性竞争。

几年来,S中学教育集团"由精英式名校向集团化名校嬗变"的发展思路、敢为人先的均衡教育经验,真正从D城走向J省,走向全国:2010年在"J省名校论坛"上展示;2012年,应邀在"全国优质中小学校长高峰论坛"上专题介绍;2012年11月,Y市初中教学视导组留下了这样的评价:这所校园内,始终昂扬着一种强大的气场,有气质、有文化、有风度。2014年,S中推进均衡教育的宝贵经验——《创新管理,在推进教育均衡中踏歌而行》,荣获"J省第九届新世纪园丁论文大赛"特等奖。社会影响、美誉度与日俱增:承办了J省学雷锋见行动暨身边好人颁奖大会、Y市中小学体育艺术节开幕式、Y市中小学精致化管理现场会、Y市廉政宣传专场演出、东南大学合唱团演出、D城社会主义核心价值观进校园推进会等大型活动。2014年年初,韩国大邱市达西区的友人慕名来访。

一组组反差极大的对比中,写满了S中学人对教育事业火一样的热情:

(一)

全市城区所有学生、有教无类的学校

教育教学质量全市第一,中考囊括全市一到九名,高分段人数遥遥领先的学校

(二)

师资来源于D城多家层次复杂、发展各异的学校

市教学竞赛、论文评比教师尽揽一等奖的学校

(三)

全市拥有学生人数最多的学校

全市综合考评年年排名第一的学校

(四)

完全规范遵照省"五严规定"办学的学校

全校推进素质教育、学生全面发展的学校:学生囊括市文艺汇演、体育竞赛、作文竞赛等各类比赛的一等奖,学生省级赛场的多个一等奖,国家级赛场的一等奖……

年轻的S中学教育集团,沉着地华丽转身,步履坚定地走向成熟。最初的怀疑烟消云散,最初的挑剔风轻云淡,最初的愿景一点一点地展开画卷。

案例思考题

（1）分析该案例中"整合资源、推进均衡教育"体现出来的管理思想。

（2）分析该校发展理念的革新及其合理性。

（3）请详细列出该校发展的几个问题所呈现出的特征,并思考:如果你是校长,你将如何更好地解决这些问题?

（4）S中学的变革具有什么样的特色?这种管理特色与推进均衡教育前有何不同?你能否为其行动策略找到理论依据?

（5）S中学推进均衡教育的案例中,你个人体悟最深的一点是什么?你认为均衡教育发展的关键在于什么?

案例使用说明

1. 适用范围

适用对象:教育管理专业研究生或本科生,学校管理人员与教育行政人员等。

适合课程:学校变革理论与实践,学校管理学,教育行政学,教育组织行为学,教育管理学。

2. 教学目的

（1）了解和掌握学校变革的相关理论与知识,特别是欣赏型探究变革理论的基本主张和核心观点,如"对话""欣赏""发现""优势""思考"等。

（2）培养学员从宏观角度重新看待学校变革与发展,能对学校变革主体、路径、重点等内容有所思,培养学员"对话""欣赏""发现""优势""思考"的能力。

(3) 形成对传统学校变革路径的"超越"态度,特别是对"问题的解决"要有自己的新观点、新思考,引发学员形成学校变革多种可能性的综合价值观。

3. 要点提示

(1) 相关理论

学校变革理论:全纳教育,均衡教育,教育公平,治理视野下的学校建设,教育资源的重新配置,优质教育呼唤教学思想的凝练,教育转型后的价值定位,教学改革的价值选择。

欣赏型探究理论:共词分析,聚类分析,探究原则(建构论、同步性、期望性和乐观性)等。

评价理论:发展性评价,以评价促发展。

学生发展理论:认识每一个生命都有成长的需要与可能,基于生命的价值期许。

教师发展理论:教师主体性发展、制度引领、教师成长自觉、教师成长平台。

教育治理理论:准确定位、管理转型、重在引领,年级管理与处室管理条块交叉。

(2) 关键知识点

欣赏型探究思路,学校教育理念与管理模式的变革,教育治理,师生发展。

(3) 关键能力点

变革性地认识与理解所谓"焦点学校"发展中的问题与问题解决的能力,深入反思学校变革背后的立场与思路的能力,以欣赏型探究思路研究学校变与发展的能力。

(4) 案例分析思路

通过对 S 中学学校变革方式、举措等方面的分析,引导学员思考学校变革思想的合理性,理解 S 中学基于积极层面、乐观视角所开拓的学校变革思路,探索如何使 S 中学走入更加适合自身的可持续发展(特色发展、高品质发展)的轨道之中。

4. 教学建议

时间安排:大学标准课 3 节,180 分钟,布置和预习 1 节,上课讨论 2 节。

环节安排:内容布置—学员分组—讨论研习—上课交流—师生互动。

适合范围:50 人以下的班级教学。

教学方法:以案例讨论为主,教师参与点评、互动。

工具选择:录音笔、案例打印资料。

组织引导:

明晰案例学习任务,给学员提供充分的参考资料。

引领学生分享个体体验和感受,比较学员自身学校与S中学的异同。

引导学员全面思考,在师生互动中给予及时点评和反馈。

活动设计建议:

课前——要求学员认真阅读、分析、归纳、提炼,以小组为单位先行"预讨论"。

课中——组间、组内、师生相互讨论交流,明确每个人观点的异同,做好记录整理工作。

课后——学生提交总结报告,教师给予进一步反馈。

5. 推荐阅读

[1] 国家中长期教育改革和发展规划纲要(2010—2020年)[EB|OL].(2010-07-29). http:www.gov.cnjrzg2010-07-29content_1667143.htm.

[2] 张荣. 现阶段我国社会分层结构对教育公平的影响[J]. 学术交流, 2006,(7):179-182.

[3] 邓银城,李渺. 教育公平的多重涵义[J]. 湖南师范大学教育科学学报,2011,(7):40-42.

[4] 弗兰克·维克多. 活出意义来[M]. 赵可式,沈锦惠,朱晓权,译. 北京:生活·读书·新知三职书店,1991:95.

案例二

法治:X高中对现代学校治理的探索

摘　要:L市X高中异地新建后,新校区、新生源、新师资给该高中带来活力的同时,也使管理面临着前所未有的挑战。面对诸多交织的矛盾,X高中把法治嵌入现代高中的治理,通过构筑法治体系提供现代高中治理的体制保障;通过加强法治教育构筑现代高中治理的文化根基;通过规范办学行为实现现代高中治理的目标导向,从而突破了学校管理瓶颈,取得了良好的管理成效。

关键词:高中治理　法治　现代化　依法治校

背景信息

2001年,根据L市市委市政府实行八校联动的整体部署,X高中东迁新校区。东迁以后,新校区的办学规模扩大,学校管理方式渐渐地摆脱了原来小规模办学条件下的管理体制。在大规模办学背景下,提升学校管理水平与办学层次成为一项全新的课题。与此同时,国家的法治建设不断向纵深推进,依法治校成为建设现代化高中的必备要素。

然而,新校区、新生源、新师资给X高中带来活力的同时,也使管理面临着前所未有的挑战,学校管理呈现了诸多复杂的矛盾:新并入的原某中学学生在学习习惯、遵守校规校纪的自觉性等诸多方面与原X高中学生存在较大差距;新调入的一大批乡镇教师与原X高中的教师在教学理念、教学方式方法上有悬殊;学校管理中存在学生与学生之间、教师与教师之间以及师生之间需要重新磨合等问题。从依法治校视角来看,X高中存在的问题主要有:

(1) 校园规章制度存废不够明确。规章制度是学校管理的前提。X高中在长期的办学中积累了一系列的管理制度,对于保障学校的正常运转发挥了重要作用。但是,随着时间的推移,形势的改变,以及学校、部门领导的更换,有的规章制度存在名存实亡的现象。对于这些规章制度的效力问题,有待于在实践中通过法定途径加以明确,避免出现内容与实际脱节,造成现有制度无法操作。

(2) 教工代表履职能力急需提升。《教育法》是规范高中管理的小宪法。虽然 X 高中在民主管理中根据《教育法》规定建立了职工代表大会,历任领导也重视教职工代表大会的建设,但是,有的教工代表因为思想认识落后或者课务繁忙等主客观原因,履职能力薄弱,造成教工代表会议中有的议程流于形式,没有在学校管理中发挥应有作用。

(3) 依法处置矛盾纠纷水平有限。虽然现有的管理体制、机制基本能适应工作需要,但是,还不善于运用法律手段处理矛盾和纠纷,X 高中在办学实践中曾出现承包经营合同纠纷长期困扰学校的现象。教职工和学校发生矛盾时,学校与家长发生矛盾时,X 高中作为权益受侵害的一方,有时候还不善于寻求法律帮助,保护自己的合法权益。理顺与学校有关的利益主体之间的法律关系,依法处理各种矛盾纠纷,平衡各自的利益,保证正常的教育教学秩序是学校面临的当务之急。

(4) 教育管理侵权现象隐形存在。X 高中教师基本上是依法治教、依法施教的,能公正平等对待每一位学生。但也有的班主任法治意识淡薄,法律知行能力差,有的任课教师教学压力巨大,班主任与任课教师中侵犯学生合法权益的现象依然在一定范围隐形存在。例如,过度宠爱成绩优秀的学生,歧视行为不良的学生,在法律上侵犯了学生的平等权;教师把没有完成学习任务的学生赶到教室外面,或者留在空教室补作业,侵犯学生的受教育权;罚违纪学生打扫卫生、罚站、罚中长跑等。

(5) 公文写作缺乏法律专业考量。在依法治校视域下,学校的公文写作必须严谨规范,从内容到形式都要确保公文的合法性。学校职能部门工作人员基本上能正确选用公文文种,公文写作也基本符合格式规范,但仍然存在行文的不规范不合法现象。例如,《关于对×××通报批评的决定》中,公文写作者引用《X 高中教师行为十不准》第四条"不准在课堂或会场使用通信工具",作为通报批评的依据,造成批评事实与违纪事实不相吻合的漏洞;又如,某一年的高级职称评审公示中,职能部门把学校党委与学术部的印章同时盖在学校名称的上面,留下诸多瑕疵。

(6) 教师教育科研行为有待引导。我国《教师法》第七条规定,教师有权利从事科学研究、学术交流,参加专业的学术团体,在学术活动中充分发表意见。X 高中教师能够立足实践,积极投入教育教学与科研活动,在课题研究、论文发表与论文竞赛中取得了显著的成效。但是,实践中也会偶尔遇到一些问题,须要教育科研管理部门适当引导。例如,有的教师研究课题在没有升级研究的情况下出现重复立项,一个课题连续在一个教育管理部门立项,反复结题,或者在不同的教育科研管理部门重复立项。也出现过教师文章"疑似抄袭"而遭遇举报的现象,说明教师教育科研行为有待引导。

案例正文

基于教育生活中对 X 高中依法治校状况的长期观察,在对 X 高中处室部门领导与工作人员访谈、学校资料与检索校园网查阅的基础上,X 高中把法治引进现代高中的治理体系,依法律法规和行政规章处理学校与教育行政部门之间的关系,处理学校内部组织机构之间的关系,处理年级组与教研组之间的关系,不断完善校园法治治理体系,取得了良好的管理成效。

一、构筑法治体系:现代高中治理的体制保障

党的十八届三中全会通过的《中共中央关于全面深化改革若干重大问题的决定》明确提出,要"推动公办事业单位与主管部门理顺关系和去行政化,逐步取消学校等单位的行政级别,建立事业单位法人治理结构,深入推进管办评分离,扩大学校办学自主权,完善学校内部治理结构"。可见,现代高中治理的主要目标是转变教育行政的管理方式,由现有的直接管理,转向主要依据法规、标准和规划等对学校进行监督、检查和引导等间接管理。在探索现代高中治理现代化的过程中,X 高中坚持正确处理好学校与教育行政部门之间的关系,处理好学校内部组织机构的关系,处理好年级组与教研组之间的关系,不断完善校园法治治理体系。

(一)校长执行力建设

校长作为学校的领航者,其执行力是一所学校走向现代治理的决定性因素,是实现学校发展目标的有力保证。为了保障依法治校工作的顺利开展,X 高中成立了以 H 校长为组长的工作小组,学校各部门、各班负责人制定《依法治校活动方案》,布置任务,各司其职。H 校长多次在全校干部和教师会议上强调学习法律法规的重要性,要求各年级和各部门认真学习《中华人民共和国宪法》《中华人民共和国教师法》《中华人民共和国义务教育法》《中华人民共和国未成年人保护法》等法律法规;学校各部门积极开展依法治校实践系列活动,全校师生在活动当中深受教益,对于促进教育观念创新、完善学校管理法规、深化教育改革、探索建立现代学校制度等成效显著。

2011年12月,按照"依法治校"评选的相关规定与标准,省教育厅组织教育行政管理干部与专家对众多申报学校进行了材料评审、实地考察,听取了有关方面的意见并进行公示,X高中最终入选J省依法治校示范校。

(二)法治副校长参与

法治副校长是从政法部门选派的专职人员,参与中小学校的法治宣传教育,负责校园及周边治安综合治理工作。

2015年9月X高中聘请的法治副校是L市中级人民法院L院长,职责是加强学生的法治教育,提高学生法治意识和加强学生法律观念,加强X高中周边环境整治,保障校园环境和维护教学秩序,保护师生合法权益,最终目标是形成学校、社会、家庭三位一体的法治教育网络,从而提高学校法治教育的效果。L院长表示,今后将配合X高中积极开展法治教育活动,在学生中开展各种形式的法治教育,提高学生的法律意识,推进X高中依法治校的进程。

2015年11月28日,X高中结合"全国法治宣传日"举行了法治教育主题晨会。学校邀请了法治副校长、市中级人民法院L院长作国旗下讲话,题为《增强法律意识,注重自身修养,锻造祖国栋梁之材》。L院长强调了法治教育的重要性:抓好青少年法治教育宣传工作,提高法律素质,不仅是确保青少年健康成长的需要,也是推动社会主义政治、经济、文化建设进程,全面发展社会主义社会的重要保障。李院长对同学们提出了热忱的希望:在学生时代,既要学好科学文化知识,还要培养高尚的道德情操,培养学法、守法、护法、用法、崇尚法治的观念,成为品学兼优、遵纪守法的栋梁之材。2016年3月7日,X高中举办了"学习法律常识,做一名懂法、守法的中学生"专题教育活动。法治副校长应邀来校开设专题讲座,他通过典型案例的分析,从本市法院未成年案件审判工作开展的基本情况、青少年犯罪的特点及原因分析、未成年人健康成长的自我保护三个方面,深入浅出地对同学们进行了生动、深刻的法治教育。兼职法治副校长制度的建立,对于增强青少年学生的遵纪守法意识,提高自我保护能力,维护在校学生的合法权益,维护学校及周边地区的治安秩序,预防和减少青少年违法犯罪,发挥了积极的作用。

(三)聘请专业法律顾问

2012年11月,教育部颁布《全面推进依法治校实施纲要》,明确提出"完善依法治校工作机制",并要求中小学"应当指定专人负责学校法律事务、综合推进依法治校,有条件的学校,可以聘请专业机构或者人员作为法律顾问,协助学校处理法律事务"。中小学法律顾问制度建设对于进一步明确中小学的法律地位、开展普法教育、促进管理决策合法化、协助教育教学督导、应对各种诉讼和维护学校稳定等均有重要作用。2013年1月12日,X高中聘请1985届校友、法学硕士、某律师事务所K律师为法律顾问。K律师为学校提供法律咨询服务及法律援助,并帮助X高中开展法治宣传和法治教育活动。

从实践情况来看,X高中坚持依法治校,并将普法宣传和依法治校理念转化为自觉的依法治校实践,取得了良好的效益。2015年X高中被评为省"依法治校示范校",2016年被评为省"规范管理示范校"。依法治校为规范学校各项工作,有序开展各类教育管理活动提供了法律的保障。

(四)完善教代会制度

《国家中长期教育改革和发展规划纲要》提出:"适应中国国情和时代要求,建设依法办学、自主管理、民主监督、社会参与的现代学校制度,构建政府、学校、社会之间新型关系。"2012年1月1日起开始施行的《学校教职工代表大会规定》是贯彻落实教育规划纲要,依法保障教职工参与学校民主管理和监督,完善现代学校制度,全面推进学校民主管理进程的必然要求和重要举措。

2012年1月4日,X高中第二届教职工代表大会在体艺馆第一报告厅举行,大会专题审议《X高中岗位聘任实施方案》,学校纪委书记就《岗位聘任实施方案》出台背景、制定原则等进行了说明,全校110余名教职工代表参加大会。H校长就X高中奖励绩效考核的相关问题进行说明;C校长作学校近三年财务工作报告;S主任对奖励绩效考核分配方案进行解读。然后X高中教职工代表大会分四个小组对方案进行讨论。

2015年1月10日,X高中在党员活动室举行第四届教职工代表大会,市总工会副主席、市委教工委书记、市教育工会主席等出席了会议,教职工代表和退休教师代表以及特邀嘉宾共112人参加活动。

X高中依法建立教职工代表大会,实行校务公开,保证了学生及其家长、教职员工必要的知情权、参与权,学校教育教学和管理活动的意见和建议能够及时得到反馈,保障了教师通过校内民主管理机制参与学校管理,完善了校内依法管理和民主监督机制。

(五)赋予家长委员会职能

《全面推进依法治校实施纲要》明确指出要建立中小学家长委员会,这是基于中小学生身心发展特点和保护其合法权益的视角考虑的,"加强中小学家长委员会建设是促进家校合作、优化育人环境的需要,是现代学校制度建设的需要,是现代社会民主发展的内在要求"。

2012年12月17日,X高中2012级家长委员会成立大会隆重召开,高二管委会Z主任向全体委员介绍了年级的工作,并就学校和年级工作向各位委员征求了意见和建议。2013年11月10日,2013级高一年级家长委员会成立,C校长致开幕词,介绍了X高中教育教学工作成绩;W书记解读了家长委员会章程,希望家长委员会对依法治校工作提出宝贵建议。

每一届家长委员会都会选出一部分热心与学校沟通、在指导孩子方面有丰富经验、在家长中有较高声望和影响力的家长代表,担任家委会常务委员;选出主任委员和副主任委员及秘书长等,配合学校实施依法治校。

(六)建立普法责任制

落实普法责任制,构建普法责任主体明确、普法资源有效整合、普法宣传社会联动、普法任务全面落实的"大普法"工作格局,是健全普法宣传教育机制,明确现代高中的普法领导责任的一个重大课题。建立普法责任体系,有利于形成普法工作的强大合力,努力提高普法的针对性和实效性。X高中认真贯彻全省教育系统普法规划,普法工作目标任务明确、措施有力。建立普法责任制,做到有措施、有落实、有总结。根据《教育部办公厅关于举办全国学生"学宪法讲宪法"活动的通知》精神及《L市教育局办公室关于组织学生开展"学宪法讲宪法"活动的通知》精神,X高中高度重视学生"学宪法讲宪法"活动,在教学部的精心组织下,由学工部制定活动方案,相继开展了晨会(国旗下讲话)、教师宪法宣讲、学宪法讲宪法主题班会、学宪法讲宪法手抄报、学宪法讲宪法黑板报、宪法宣传展板、讲宪法故事主题演讲比赛等多种形式的"学宪法讲宪法"活动。这一活动的实施对广大青少年学生深入了解宪法、尊崇宪法,弘扬宪法精神,增强法治观念起到了积极的作用。2016年10月,为贯彻落实党的十八大和十八届三中、四中、五中全会精神,进一步落实《国家中长期教育改革和发展规划纲要(2010—2020年)》提出的工作任务,X高中积极开展《依法治教实施纲要(2016—2020年)》宣传活动,全面推进依法治校。

二、加强法治教育:现代高中治理的文化根基

依法治校既是一个内容广泛的宏观体系,也涉及学校管理方面的微观要求。在相当长的一段时间里,X高中法治教育普遍存在教育目标不够清晰、法治意识不强、法治精神理解不透、法治教育的内容与方式滞后等问题。有的教师认为"法治教育"就是运用法律管制学校、管制学生,就是惩罚、警戒违法行为,以"罚"代"法",造成了学校中的体罚、变相体罚等侵害学生权利的现象时有发生。为了改变这样的状况,近年来,X高中从学校管理、课堂教学、课外活动等多角度开展法治教育,为现代高中治理奠定法治文化根基。

(一)以课堂为主渠道

X高中学生法治教育以课堂为主渠道,做到计划、课时、教材、师资"四落实"。在课堂中每个学生都有表现自己的愿望,教师可采用竞争的方式来激励学生,让学生在成功的快乐中获得自信。例如,W老师是学校专职的法治教育教师,毕业于南京大学法律专业,他在《政治生活》"依法行政"中设置了某市政府违法行政的两则典型案例。一位学生在探究中运用"依法行政的要求"点评了市政府的法律行为,指出"要求各单位在接待工作中使用当地酒厂生产的酒……"是违法行政,也不符合市场经济的竞争要求;强调"奖励纳税大户……免于追究责任"的做法有失公平,认为社会主义法治的原则是"法律面前一律平等"。他在"市场配置资源"的教学中,借助于《反不正当竞争法》的典型案例,深化了学生对《经济生活》的基本原理的理解,有效培养了学生评价法律事实的能力。W老师采用的几则典型案例:

案例1:某县公交公司把公司购买的福建牌汽车以每辆车高于市价1万多元的价格强制性地卖给运输经营户,不购买其车者,不给予其一些线路的经营权。

案例2:某村决定把河滩及杨树承包给村民,该村张某及其他5位村民报名参加竞标。张某为中标,找到其他五人,让他们放弃竞标,并给予每人1万元的补偿,其他五人得到张某的钱,均同意放弃竞标。结果张某以较低的价格中标。

案例3:某盐业公司在销售精制碘盐时,强制食品经营户按照一定比例购买该公司附带提供的钙强化营养盐及低钠盐。如不购买,经营户就不能从盐业公司购买普通精制碘盐。

W老师还多次指导学生通过制作法治教育手抄报、法治教育黑板报,举办法治教育主题班会等形式进行宣传教育,学生法律素养明显提高。

(二)以法治主题教育为载体

结合工作实际,多举措推进法治宣传活动,取得了良好效果,学校形成学法、用法、依法办事的良好风气,X高中依法管理水平逐步提高。例如,2015年10月10日,X高中邀请市交巡警支队Q警官为全体师生作了"以交通安全推动文明卫生城市创建"的国旗下讲话。Q警官列举了详实的交通案例,从行路常识、骑行常识、乘机动车常识等方面,阐述了交通安全的重要性,希望同学们注意交通安全,遵守交通规则,X高中教职工、学生交通安全法律意识明显提高。

X高中采取的多种形式法治宣传教育活动还包括:

(1) 主题读书活动。针对青少年特点,组织编写了《中学生法律基础》并组织青少年阅读,宣讲"法在我身边"。

(2) 主题征文活动。以"法在我身边"为题开展征文活动,联系自身实际,畅谈法律的价值和意义。

(3) 主题演讲比赛。以"做个守法小公民"为题,开展演讲比赛,并现场评出一、二、三等奖及优秀组织奖。

(4) 绘画大赛。在读书活动基础上,开展绘画大赛,结合生活实际,以生动有趣、明快的作品表达"法治"精神在现实生活中的感人细节和具体内容。

(5) 践行活动评选。开展"法在我身边"践行活动,倡导广大青少年在法治主题教育活动中身体力行,争做守法公民。

由于多种形式开展法治宣传教育活动卓有成效,2015年11月,根据省总工会决定,X高中被评为全省"六五"普法先进单位。

(三) 以提升教师素养为条件

教师具有高度的专业自主权,他们的教育教学行为才能是基于其专业素养的行为,他们才能自主、充分地发挥其专业知识和技能,从而最大程度地提高其教育教学质量。在教育教学实践中,就课程内容而言,教师要善于结合本地、本校和本班学生的实际情况做出具有针对性的教学设计,可以对教材的某些内容做出适当的替换和增删,真正做到"用教科书教",在教育教学实践中教师要特别重视作为学生的课程资源,依据学生的兴趣、特长、爱好和个性特征来设计课程,增强课程的活力和开放性,使课程的普适性和独特性真正融合。但是,在目前的教育行政管理中,过多的不当的行政干预严重蚕食了教师的专业自主权,使他们的教育教学行为严重偏离了其专业精神、专业理念和专业能力,使他们成为行思相悖的人格分裂者。在日常工作中,他们往往是所行非所思,所思难于行,他们的教育教学行为并非由他们的专业素养所主导。因此,提升教师素养是避免教师违法侵害学生的重要措施。教师应该有明确的权利义务意识和良好的师德师艺。这样,教师才能对学生充满爱心和耐心,尊重学生的每一项合法权益,认真履行自己的法律义务,通过日常的教育教学,使学生拥有人生最宝贵的东西:知识、美德、技能、健康和理想等。提升教师素养,可以减少师德缺失而导致的学生精神伤害,促进学生健康成长。提升教师素养,让广大教职员工和学生在具有一定的法律素质的前提下,自觉地去维护自身的合法权益。

(四)以学生主体参与为重点

学生主体参与对优化法治教育形式,促进学生主体发展具有重要意义。X高中的学生主体参与已经成为该校法治教育的一种常态。

2012年12月4日是现行宪法颁布实施30周年纪念日,为隆重纪念这一历史性时刻,进一步弘扬法治精神,推动科学发展,X高中法宣社积极响应学校号召,于当日下午联合高一部分班级同学开展了普法宣传活动。同学们在普法宣传中表现积极,二十多名宣传队员均系自主报名参加。本次活动中,同学们分点在步行街商业广场、巨龙生活广场进行法治宣讲,发放宣传单,展示了X高中学生的良好的精神风貌与法治素养。

2014年3月17日,X高中高一(13)班的同学们在班主任W老师的指导下走上街头,向市民发放宣传单,开展以"与法同行"为主题的"普法"宣传活动。本次活动的主要内容包括:① 发放普法宣传单,向市民普及相关法律知识;② 开展签名活动,为建设更加完善的社会主义法治社会出一分力;③ 走访市民,以聊天的形式向市民了解相关法律普及状况以及个人法律意识。在苍梧绿园和步行街,同学们一边进行宣传,一边向行人分发自制的宣传单,让发出的传单起到了实际的教育效果。此次活动的开展,增强了同学们的法治意识、协作意识,锻炼了大家的社会参与能力,也展示了X高中学生良好的精神风貌。

2015年1月6日,X高中学工部组织全校学生参加"网上法律知识竞赛",登陆"J省中小学生普法考试平台"网站,按要求选择所在城市、地区及学龄阶段,填写学校、班级、学号和姓名,通过考试答题提升学生的法律知识素养;2015年3月24日下午,X高中在教师书吧举行第一期下午茶活动,主题为"亦师亦友——同学与校长共品下午茶"。活动由H校长主持,同学们与校长交流智慧,碰撞思想,共话校园法治管理思路。2015年4月8日,X高中在教师书吧举行"校长有约,共品下午茶"第二期活动,H校长与来自高三28个班的学生进行了亲切交流,畅想美好未来,下午茶活动拓宽了学生们建言献策的渠道,在依法治校方面起到了应有的作用。

主体参与法治教育活动增强了学生与教师的交流与合作,使学生真正成为校园的主人,他们可以根据自己的学习实际,要求教师调整、改变教学进度;教师通过调整教学行为,满足学生的学习要求,学生学习的主动性明显增强。学生主体参与法治教育帮助学生建立了良好的人际关系,学生的人格内涵也由此得到丰富。

三、规范办学行为:现代高中治理的目标导向

为了进一步规范办学行为,X高中持续组织学习省教育厅"关于进一步规范中小学考试问题的通知"要求,厘清政策界限,领会政策要求,统一思想,提高认识,进一步明确了:坚决不做不能做的事,认真做好可以做到的事,扎实完成必须做的事。

(一)规范课程管理

这是稳定学校教学秩序的重要手段。X高中严格规范课程管理,开足、开齐、开好各类课程;严格遵守"五严"规定,保证课程计划执行的严肃性;同时认真落实"体育大课间活动",积极推动阳光体育运动,保障青少年的身心健康。为了加强课程常规执行的检查与反馈,X高中规范了教师调课制度,建立"每日巡课"制度,通过严格的检查,较真的管理,定期反馈,内部形成了"人人重视常规、人人遵守常规、人人落实常规"的风气。2016年11月22日,省"深化高中教育教学改革,建设高品质高中"现场观摩活动在X高中举行。省教育厅副厅长、省教育厅基教处处长、省教育学会常务副会长,市委教育工委书记、市教育局正、副局长以及来自全省四星级高中的校长,近400人齐聚X高中,现场观摩X高中建设高品质高中的初步成果。

(二)完善学校规章

X高中自觉遵守教育法律法规,严格遵循"五严"规定,规范考试和招生管理,控制学生的在校集中活动时间,不下达高考升学指标,积极推进实施素质教育。家长和社会各界对学校办学质量满意度很高,省级教育质量评估督导组也对X高中推进素质教育的工作成绩予以高度评价,充分肯定该校推进素质教育工作五大亮点:一是规范办学已成为常规,依法办学和科学管理不断内化;二是育人为本已成为常态,德育工作地位得到强化;三是有效教学已成为常识,教师队伍建设彰显魅力;四是发展学生个性已实现常新,素质教育实施

不断深入；五是特色之花已校园常驻,积极争创省内领先品牌名校。

(三)优化治理结构

优化治理结构能推进学校权力以法定的形式合理运行,保障师生的合法权利。X高中通过优化学校行政会的议事规则和程序,加大对重大决策执行效果的评估,落实责任追究制度,提升教代表的履职能力,落实教职工监督评议权,为学校发展建言献策,实现学校决策的科学化、民主化和法治化。2016年2月24日,X高中对全体班主任进行集中培训,通过推进班主任"学理论,强素质,塑楷模",落实工作中"多动脑,巧设计,重方法",切实做到对学生"宽严相济",优化班级民主治理。

(四)倡导科研诚信

教育科学研究是推动教育事业不断前进的动力源泉,但是我国的中小学长期存在学术管理导向失误、学术评价体系不合理、学术考核标准相对单一等问题,教科研成果重数量、轻质量,重短期、轻长期,再加上浮躁的社会风气的冲击,造成教育科学研究功利化。近年来教师的学术不端行为,不仅违背了追求真理的科学精神,也使我国教育科研工作陷入一场诚信危机,严重损害了我国教育科研工作的健康发展。为了提升个人的声望、名誉、地位或者满足个人的某种心理和精神需求,有的教师剽窃他人成果,有的教师反复立项课题虚假研究,骗取科研经费、骗取成果奖励。X高中倡导教育科研诚信,形成了以道德为支撑、法律为保障的诚信透明的科研监督机制,从课题立项到论文发表,从经费申请到使用,各环节实施有效监督,杜绝了该校教师群体中的学术不端行为。

四、结语

构筑现代学校治理体系是新时期学校发展的必然要求,X高中坚持依据法律法规和规章制度处理学校与教育行政部门之间的关系,处理学校内部组织机构的关系,处理年级组与教研组之间的关系,不断完善校园法治治理体系,突破了学校管理瓶颈,取得了良好的管理成效。在三年多的时间里,X高中的面貌出现了显著的改变。无论是学生、教师还是领导干部,都能够以法治的眼光、以积极建言献策的心态,看待问题和解决问题,学校走出了一条基于法律法规的现代学校治理之路,形成了依法治校的校园文化氛围。近年来,X高中学校管理井井有条,校园生活民主积极,在L市区域内逐渐展现出自己的影响力,发出自己独特的声音,先后被评为省市教育先进单位、市依法治校先进单位、优秀家长学校、现代教育实验学校等。

案例思考题

(1) 分析该案例中体现出来的现代学校与法治有什么内在联系?

(2) 请详细列出现代学校制度下对"依法治校"有哪些要求?你是如何看待这些要求的?

(3) 现代高中实施法人治理结构有哪些好处?法人治理结构与我们传统的学校治理结构相比有何不同之处,其背后的客观必然性是什么?

(4) 结合你自身经历的学校,就现代学校制度的建立条件、要素、过程与评估,写一份可行性论证报道,并就建立现代学校制度的现实瓶颈,谈谈你的个人感受,提出你的建议或方案。

案例使用说明

1. 适用范围

适用对象:教育管理专业研究生或本科生,中小学校长与其他教育行政人员等。

适合课程:学校变革理论与实践,学校管理学,教育行政学,教育组织行为学,教育管理学。

2. 教学目的

(1) 了解和掌握现代学校制度的相关理论与知识,特别是依法治校视域下的现代学校的基本内涵和构成要素,如"法治""民主""开放""去行政化"等。

(2) 培养学员从推进国家现代化视角看待现代学校制度的必然性,从现代学校的主体、路径、评估等方面思考,培养学员"依法治校"与"科学管理"的能力。

(3) 形成对依法治校的"认同"态度,特别是对传统学校的存在问题能有自身新的感受,引发学员形成现代学校制度的整体观念。

3. 要点提示

(1) 相关理论

现代化理论:现代化是从传统社会向现代社会的转变。重点研究现代性和传统性的比较和转换。进入现代化的学校强调制度安排的"现时性",是一种先进的、能适应时代要求的学校。

现代学校制度理论:现代学校制度是以学生发展为核心的制度安排。现代学校把学校视为一个开放的组织,它不仅关注学校内部的运作过程,而且也重视学校与家长和社会的互动过程。

学校发展理论:创新型学校理论和学习型学校理论是改革开放以来影响教育实践领域较大的学校改进理论,前者是对学校制度创新的系统阐释,后者重在以共同愿景驱动学校整体变革。

教师发展理论:教师是教育的关键,一流的学校需要一流的教师,学校的进步首先是教师的进步,高素质教师队伍是学校发展最重要的资源,决定着学校的核心竞争力。

教育治理理论:法人治理结构,独立法人地位,办学自主权。

(2) 关键知识点

现代学校建设思路,学校与社会的互动关系,教育治理,师生发展

(3) 关键能力点

创造性地认识与理解"现代学校",深入反思学校变革走向现代化的深刻必然性,以创新精神推动学校变革与发展的能力。

(4) 案例分析思路

通过对 X 高中现代学校建设实践、举措等方面的分析,引导学员思考现代学校制度的差异,理解 X 高中基于"依法治校"的现代学校建设思路,探索如何使现代高中走入适合自身的法治发展轨道之中。

4. 教学建议

时间安排:大学标准课 4 节,240 分钟。布置和预习 1 节,上课讨论 3 节。参见案例一。

5. 推荐阅读

[1] 孙绵涛,王刚. 我国现代学校制度建设的成就、问题与对策[J]. 教育研究 2013,(11):28-34.

[2] 郑勇. 论柔性管理在现代学校管理中的应用[J]. 教育研究 2004,(9):29-31.

[3] [美]希勒. 现代学校设计·百年教育建筑设计大观[M]. 电子工业出版社,2014.

[4] 余嘉云. 构筑学校法人治理结构的可行性分析[J]. 教育发展研究 2005,(12):47-50.

[5] 吴华,宁冬华.以现代企业精神锻造现代学校制度——对椒江"现代学校制度"实践的理性思考[J].浙江大学学报,2004,(01):30-37.

[6] 安晓静.现代学校制度的内涵及其背景分析[J].湖北第二师范学院学报 2013,(10):96-100.

案例三

提升核心素养 践行立德树人

摘 要: 学科教学是落实立德树人的主渠道,其中作为活动型综合性实践课程的思想政治课,更是在学生的"三观"塑造方面有着独特的功能。如何落实这一功能成为摆在M中学政治教师眼前的一道难题,M中学是一所江南名校、省四星级中学。该校政治教研组有教师12人,其中大市名教师1人,学科带头人2人,区学科带头人2人,高级教师10人,但年龄偏大,主要以六〇后为主,教学理念相对滞后,研究动力不足,一直无法跟上新课程改革的步伐。而学科核心素养的提出为该教研组的蜕变提供了新的机遇,该组同志对核心素养下学科教学的实践研究做了一些有意义的探索,并在立德树人方面取得了良好的效果。

关键词: 学科素养 立德树人 思想政治课

背景信息

一、M中学思想政治课教学中存在的问题

在高考指挥棒的指挥下,M中学思想政治学科教学,教师主要围绕考点怎样提高学生分数来开展教学,学生则以做题解题得高分为学习目的。至于核心素养、立德树人都要为高考让道,基于此,目前M中学政治学科教学中主要存在以下问题:

(一)快餐化

由于思想政治课应试特点,日常学习思想政治课总是被要求为语数外等学科让路,不仅课后作业被限制,甚至课时也要不断被挤占和侵蚀,从而课时一减再减,有的学校隐形课表上掌管着德育主阵地的思想政治课只有两周一节,更有甚者思想政治课被叫停。一旦进入会考或者学业水平测试临近,思想政治课教学才空前繁荣起来。不仅每周需要增加课时,把每节课上足上好,甚至还会出现周六、周日补课,晚自习整班补课,以求得在会考或者学业水平测试中获得好成绩。学校也会确定会考或者学业水平测试的学校目标和班级管理目标,并制定相应的赏罚条例。学校这样做的原因很简单:高中思想政治是可以速成的。这就是典型的快餐化教学模式。

在这种模式下高考考什么,教师就教什么;高考怎么考,教师就怎么教,高中思想政治课已经完全沦为学生应试的工具。教师在组织课堂教学时总是用知识点填塞课堂,对学生猛灌恶灌,穷凶极恶的灌,忽视了学生自身的接受能力和感受。最后学生得到的除了单一知识外,还是单一知识,失去了实现由知识向道德能力转化的动力,也失去了由知识向素质提升的后劲。

(二) 功利化

目前该省现行的高考政策下,学业水平测试前的"三大科"(语数外因为记入高考总分,作为高校录取依据,通常被称为"三大科")也要为小六门让路,除了各个学校对于学业水平测试过关率和过 A 率要进行激烈的 PK 之外,还与高考加分有关。如一般情况下每个学生都要参加四门学科的学业水平测试,按规定每得一个 A,在将来的高考总分中就加一分,得两个 A 就加两分,三个 A 就加三分,四个 A 除了加四分外还要奖励一分,这样就有五分加分。这种政策,直接催生了思想政治课教学庸俗的功利化倾向,即教师教学的重点在于学业水平测试中能否过关,能否获得参加高考的入场券?进一步来说就是能否获得高考加分,使之不输在高考的起跑线上?分不仅是学生的命根,也是考核教师绩效的重要凭证。因此,在 M 中学教师都是理直气壮地向学生灌输分数是硬道理,没有分数就没道理,分数面前人人平等的思想。

思想政治课教学在这种庸俗的功利化作用下,其应试功能以压倒性优势战胜了其德育的主功能。目前 M 中学,大部分学生的学习完全以高考考不考,高考考多少来衡量学习时间和精力投入的多少,教师也以平均分与升学率为追求,学校则将平均分与升学率视为教师绩效的标准。这进一步引发教师之间在平均分和升学率方面激烈的竞争,延长学习时间,增加学习强度,加大作业量,这就对学生的身心产生无穷的伤害。这使思想政治课越来越偏离正确的发展方向,越来越误入歧途。思想政治课偏离了德育教育的主战场,失去了其特有的德育功能和价值,不仅无助于人才的培养,也无助于人格的塑造。

(三) 格式化

在高考指挥棒的指挥下，M中学思想政治课教学越来越趋于表面化、形式化，教师组织课堂施教本末倒置，教学重点不在于实现知识向能力的转化、能力向素质的飞跃，而在于对教材知识梳理方法或者对解题技巧的把握。学生对于思想政治课的学习也偏重于对学习技巧和解题技巧的掌握。解题方法和解题技巧也就成为高中思想政治课教学的重头戏，在教师的精心指导下，学生逐渐精于解答政治试题技巧的掌握，擅长对政治形式的操作，甚至可以说玩政治游戏。我们别无选择，必须在高考政治命题者设置的种种陷阱和圈套中运用自己的经验和解题技巧小心应付，争取获得更多的分数。高中思想政治课教学已经误入格式化教学模式的歧途。

在思想政治课格式化的教学模式下，学生对思想政治课学习已经形成了一定的套路，完全可以在不假思索之下通过机械训练和条件反射式的强化获得的思维定式就可以获得"理想"的分值。在这种情形之下，教师和学生在思想政治课教与学之中形成僵化并不灵活的思维模式，这就是高分不高能的根源所在。思想政治课要求考生在试题的解答格式方面掌握种种约定俗成的规范，否则所得的分数就会大打折扣。因此，思想政治课教师在组织课堂教学过程中进行所谓解答问题规范化训练，从形式到内容完成对学生的思想控制和精神捆绑，窒息学生的生机与活力，几乎丧失了这个德育的主阵地。

二、培育学生学科核心素养的必然要求

新课改要求我们实现思想政治课教学向基于核心素养下立德树人的培养上转变。当前思想政治课学科核心素养包括政治认同、理性精神、法治意识和公共参与，其中政治认同涉及到道路、理论、制度和价值观的问题；理性精神包括实事求是、独立思考、批判思维和创新性实践；法治意识是规则、程序、权利义务；公共参与则是公德、公益和社会责任。这四个方面核心素养都贯穿了社会主义思想道德意识，都要求我们坚持立德树人思想，凸显思想政治课的德育功能，坚守德育课程的主阵地。为此，我们思想政治教师需要改变落后的教学模式，关注学生个人兴趣需要，激发学生的道德情感以引起学生的内心共鸣，培养学生自主、理性的道德判断和道德选择能力。这些都是长期的、曲折的、复杂的过程。

在社会主义市场经济条件下，市场的自发性对正确的思想意识、科学的价值观念产生了巨大的冲击。这种冲击与变化也直接影响到学生的健康发展。

因此,摆在每个思想政治教师面前最紧迫的任务就是如何有效地通过落实核心素养,来实现对学生有效的德育,以促进学生思想道德素质的提高。因此,随着时代的发展,高中思想政治课教学对学生人生观、价值观培育的要求越来越迫切,而且非常必要。

三、新时代教育立德树人的迫切需要

习近平同志指出:办好思想政治理论课,最根本的是要全面贯彻党的教育方针,解决好培养什么人、怎样培养人、为谁培养人这个根本问题。新时代贯彻党的教育方针,要坚持马克思主义指导地位,贯彻新时代中国特色社会主义思想,坚持社会主义办学方向,落实立德树人的根本任务,坚持教育为人民服务、为中国共产党治国理政服务、为巩固和发展中国特色社会主义制度服务、为改革开放和社会主义现代化建设服务,扎根中国大地办教育,同生产劳动和社会实践相结合,加快推进教育现代化、建设教育强国、办好人民满意的教育,努力培养担当民族复兴大任的时代新人,培养德智体美劳全面发展的社会主义建设者和接班人。

为此,思想政治课教师要发挥积极性、主动性、创造性,要给学生心灵埋下真善美的种子,引导学生扣好人生第一粒扣子;要加大对学生的认知规律和接受特点的研究,发挥学生主体性作用;要坚持灌输性和启发性相统一,注重启发性教育,引导学生发现问题、分析问题、思考问题,在不断启发中让学生水到渠成地得出结论;要坚持显性教育和隐性教育相统一,挖掘其他课程和教学方式中蕴含的思想政治教育资源,实现全员全程全方位育人。这都为我们新时代的思想政治课教学指明了方向。

案例正文

一、在价值判断中学会正确选择

M学校一位政治教师在一堂大市级公开课中引入了一则柯尔伯格关于海因茨偷药的"两难选择",课后反思中发现教材对该"两难选择"存在着误读,进而引发许多教师在教学中出现一些偏离"两难选择"主旨的讨论。这就会导致学生在课堂学习中遭到道德的绑架,形成不真的思考。

(一) 教材过多的阐述无形中扼杀了学生的想象力

教材对"海因茨偷药"在"偷"与"不偷"的理由分别从不同方面进行分析，每一点都有其合理性。例如以教材所列有关"偷"的理由：

(1) 你已经走投无路，既然借不到钱救妻子，你就不用保自己的清白；
(2) 药剂师乘人之危，敲诈勒索，天理难容，偷他的药，是对他的警告；
(3) 你的妻子需要你的帮助，如果你不去偷，别人会取笑你无能；
(4) 偷药是为了病人，自己做出牺牲，你的行为是高尚的。

更充分的理由是：

这让我想到据说是唐伯虎的一首诗：这个婆娘不是人，九天仙女下凡尘；子孙个个都是贼，偷得蟠桃献至亲。这本身也是在道德与道德之间的选择，在诚实和孝道之间的两难之中，母亲和媳妇都掉进河里，先救哪一个的残忍的抉择之中。

我们不妨让学生选择海因茨与儿童的角色进行交流，海因茨本人是如何与儿童进行本案例讨论的。

柯尔伯格声情并茂地讲完"海因茨偷药"的故事，提问道："孩子们，你们认为海因茨是否必须去偷药吗？偷药用来拯救一个人的生命难道有错吗？人们在这种情形下偷药是否应该受到惩罚吗？"孩子们早已被这个故事感染了，于是纷纷举起了小手。

"海因茨不应该偷药，因为爸爸说，偷东西的人不是好孩子！"吉恩大声地说，"不过，那个药商应该把药卖给海因茨。因为他的妻子就要死了！"

"可是药商不肯卖药啊！"玛丽安站起来提醒吉恩，"我认为，海因茨应该去偷药，先给自己的妻子治病，然后再弄钱来还给那个药商。"……

柯尔伯格显然非常满意这种热烈讨论的场面。当他看见9岁的罗杰坐着默不作声时，示意让他发言。罗杰说："我认为，偷药是不对的，但是为了妻子的病又必须这样做。不过，最好在他妻子用药后，他能主动到药商那里坦白真相，接受责罚。"

"为什么呢？"柯尔伯格瞪大了眼睛问道。

"因为……因为偷别人的东西是不对的。既然偷了东西，做了错事，他应该为自己行为的后果负责。"

罗杰试着回答。"很好。"柯尔伯格说，"大家要知道，每个人都应该为自己的行为承担后果和责任。这就是说，我们在做任何事情之前，都应该考虑到可能的结果。"

我们应当鼓励学生们依据故事情境本身进行感悟和交流，这样，我们空洞的说教就转化为学生自己的感悟和体验，从而让道德的评判和选择深入学生的内心，融入学生的血液，成为学生自身的素养。

（二）教学模式基于核心素养需要与时俱进地转变

照本宣科是思想政治课教学的大忌，我们不仅需要在教学过程中注意设计和引进新的情境素材，还需要对教材进行"二次"开发和改造。譬如我们也不妨尝试一下"狗尾续貂"的做法，像高鹗续《红楼梦》一样，对素材进行必要的改编。如有教师对"海因茨偷药"的故事进行了如下续编：

海因茨有一位交往多年的好朋友布朗，两人从小学到初中一直是同班同学，布朗现在是镇上的一名警察。当晚布朗在值夜班，下班的途中正好看见远处一人准备击破窗子进入药剂师的药房内。于是，他轻轻地走到药房前，打算等小偷出来时将他一举抓获。可是，布朗惊讶地发现小偷竟然是自己最好的朋友海因茨。几经追问，海因茨说出了偷药的原因，并央求布朗为他保密……你觉得布朗警官是否应该追查海因茨偷药的案件呢？

这样，就从是否要追查偷药的海因茨过渡到布朗警察的"作为"或"不作为"等结果的研究和讨论，这就会使学生眼前一亮，产生刻骨铭心的记忆和思考。

（三）通过巧妙设问帮助学生化解"两难选择"的困境

我们的道德需要高尚起来，人的道德感需要被一再地提醒和强化，但是我们坚决反对用伪道德去绑架学生的真实情感和纯真的感情。如：

"在意大利有个名叫海因茨的人，他的妻子得了重病而濒临死亡，医生认为只有一种药可以救她的命……海因茨想尽了办法（"他找到他所认识的每一个人去借钱并尝试了每一种合法的手段。"注：括号中引文系柯尔伯格的原话，教材无），也只筹到药价一半的钱，他向药剂师恳求把药便宜卖给他或允许他以后将药钱补上。但药剂师拒绝了……于是海因茨不顾一切地……"。

这就将现实情况摆在学生的面前。一方面，是妻子重病、濒临死亡、夫妻情深；另一方面，虽然"海因茨想尽了办法"也筹不到足够给妻子治病的钱，这就将海因茨"偷"与"不偷"的选择权推给学生，如果故事到此结束，那么我们学生真实的情感仍然在道德的绑架之中。"其实，面对如此错综复杂的情形，行为的选择怎么可能仅仅在偷与不偷之间？而对人的行为的判断，又怎么可能仅仅用对和错加以概括？难道海因茨就没有其他选择了吗？给他一个更好的建议吧!"这样就水到渠成地形成了一个值得探究性的问题,原来在"偷"与"不偷"之间,我们还有第三种选择,可以让爱心已经泛滥的孩子们来支招。我们可以在社会上呼唤爱心,可以宣扬"只要人人献出一点爱,世界就会变成美好的人间",可以宣传正确的金钱观,可以宣传微公益和慈善等工程建设。

我们还可以在课堂上适当留白,不要急于将所有的风景和真相在第一时间全部打包给学生,而是需要让学生在情境转换中获得喘息之机,有一个思考和品味的机会,从而使其在两难选择中心理和素养都能够得到正确的培养。

二、在巧妙设问中实现价值引领

M学校思想政治组在组织课堂教学过程中摒弃"明知故问"或者"无疑而问"等苍白无力的设问方式,通过巧妙设问,对学生进行基于学科核心素养的积极引领和立德树人发展方向的培养。这个设问模式集中体现在以下几个方面:

(一)靠船下篙,就地追问

思想政治课与社会时事、生活实际联系是比较紧密的,易吸引学生兴趣,教师需要掌握大量丰富的现时感性材料,设计课堂提问要融入生活的实际,与热点、焦点问题联系起来,引导学生关心国家大事,了解党的方针政策,用所学的观点分析当前的社会热点、焦点,以及人们生活密切相关的问题,使课堂提问具有时代性。这要求教师对师生所处的环境内人或事有充分的触摸和体察,或触景生情的叩问灵魂,或设身处地的换位思考,或对材料有机导入分析。在这个过程中要不断追因,合理推断,就地追问。切忌一上来就跟着感觉走,没有问题意识。

大市优质课比赛,课题是经济生活《围绕主题,抓住主线》一课。M学校XFJ老师上课便抛出几个问题:

问题一:大家知道今天对苏州来讲是什么日子?中国—中东欧国家领导人会晤在苏州举行。

问题二:为何选在苏州迎接中东欧16国领导人呢?李克强总理介绍说:"中国素有'上有天堂,下有苏杭'的说法。"他进一步解释说:"苏州是个非常有特点的城市,我们在观赏天堂美景,更在脚踏实地努力,可以说,苏州会晤是今年'16+1'合作最重要的议程。"

问题三:同学们,你知道苏州经济有哪些特点吗?

这就犹如一部小说,要引起人们阅读的兴趣,必须有精彩的开篇。在教学中,教师的"导",是为了学生的"入"。要把学生的注意力从课前状态尽快吸引到课上,教师应当细观察、巧琢磨、精心设问。教师要善于围绕学生身处的空间时间发生的新鲜事件联系热点的提问才能调动学生的思维,拓展学生的视野。学生在浓浓苏州乡土味道中开始了探寻经济之道。

(二)一线串珠,详细追问

M 学校思想政治教师 SLL 在《例谈主题情景探究新范式》提到:主题情景探究教学又称"一例贯之"教学法,是以主题为中心、情景为载体、探究为途径的集约式探究。在政治课教学中,采用主题情景探究式教学,又称为"一线串珠"教学法较为常见。情景的设计层层展开,有利于问题的逐层推进。教师对于典型材料,具体到现象和问题,由表及里、追本溯源地分析,围绕核心内容层层设计问题,切忌问的粗略。所谓问的粗略就是粗疏模糊地问,问题笼统,是一种非此即彼、非对即错的单一思维的判断。

仍然以 M 学校 XFJ 老师参与大市级优质课比赛,以经济生活《围绕主题,抓住主线》一课设计为例。从横向角度围绕"发现苏州之美"全班同学分成 4 个小组,组员利用课余时间通过网络、电视等手段,收集能够体现苏州之美的相关资料。组长把资料整合,并写出相应的关键词。

教师抛出的问题是:让我们走近苏州,探究一下美丽苏州是如何体现科学发展理念的?

第一组素材:2015 年中国各省市 GDP 数据排名公布,苏州以 13 761 亿元,列江苏第一、全国第七。

问题一:材料一体现苏州美的关键词是什么? 如何具体体现科学发展的? 体现苏州美的关键词是繁华、富裕,体现必须把推动经济社会发展作为第一要义。

第二组素材:苏州荣获"2015 中国最具幸福感城市"荣誉称号。

问题二:材料二体现苏州美的关键词是什么? 如何具体体现科学发展的? 体现苏州美的关键词是幸福、满足,体现必须把以人为本作为核心立场。

第三组素材:"苏州好风光"秋天里桂花香,庭院书声朗,冬季里腊梅放,太湖连长江,推开门窗青山绿水,巧手绣出新天堂。

问题三:材料三体现苏州美的关键词是什么? 如何具体体现科学发展的? 体现苏州美的关键词是生态、协调,体现必须把全面协调可持续作为基本要求。

第四组素材:"苏州好风光"上有呀天堂,下有呀苏杭,城里有园林,城外有水乡,古韵今风天下美名扬,巧手绣出新天堂。

问题四:材料四体现苏州美的关键词是什么?如何具体体现科学发展的?体现了体现苏州美的关键词是统筹、开放,体现必须把统筹兼顾作为根本方法。

在创设新情境中,教师把问题一个一个地提出,又一个一个地被解决,让学生经历了一个提出问题、分析问题、解决问题的完整过程,既有利于启迪学生的思维,又层层推进,步步深入,从而"围歼"难点美丽苏州是如何体现科学发展理念的?"一个个精心设计、连环抛出的'问题链',就像一张又一张的请柬,是思政课教师向学生发出的最诚挚的邀请:让我们一起来发现问题、探讨问题和解决问题……""以前,如果我自己给出结论,然后去论证,无论我的论证多么完美,多么无懈可击,学生都显得漠不关心",现在,每当老师抛出一个好问题,"学生们立马提起了精气神儿,被这些'问题链'锁定。"

(三)细实对象,深刻追问

深入研究学生和教材,是抓住真问题的关键。M学校政治教师WL提出,只有准确把握学生所学所想,才能避免教学"目中无人";只有深入研究教材,才能避免教学"剑走偏锋"。我们要联系现实生活和社会热点,围绕材料的主题,筛选并归纳各种与此相关的现象,并展开细致入微的剖析,探究为什么要这样做,由果索因,透过现象洞悉本质,不但要准确分析外因,还要细查出内在动机,体察背后存在的根本问题。切忌问的浮泛。所谓问的浮泛就是思考的比较浅显,一些问题答案能脱口说出的"正确的废话"。

以经济生活《围绕主题,抓住主线》一课设计为例。从纵向角度,围绕三个主题情景发现苏州之美、发展苏州之美、我与苏州之美,分别设计三个层次的问题。

问题一:发现苏州之美,在当前背景下,苏州经济发展存在哪些机遇和挑战?苏州之美美在哪儿?

问题二:发展苏州之美,苏州这座特别的城市,我们不但要保持它现有的精致与优美,更要激发它的生机与活力。结合书本知识,请你为苏州经济的健康发展献计献策。

问题三:我与苏州之美,我能为苏州经济的健康发展做点什么?

通过问题的设置,围绕是什么?为什么?怎么办?引导学生深入探究问题,实现知、情、意、行的有机统一。抓住思想政治学科的本源问题,将知识和技能整合到生活世界当中,将学科知识放到整个生活世界中去学习和思考,引导学生在活动过程中进行主体探究、自我构建，从而获得学科素养的全面发展。

（四）化虚为实，智慧追问

思想政治理论都比较抽象，如何让学生很好理解呢？化虚为实就是一个很好的方法。事实胜于雄辩，无例之理难以立足，无物之言难以服人，发掘深层次逻辑机理。著名教育家叶圣陶先生说："宜揣摩何处为学生所不易领会，即于何处提出问题，令学生思之。"教师的提问应该切中学生的疑惑之处，设置悬念，启发学生积极思维，自然而然地深入到课堂学习中去。智慧追问指能由果索因、由表及里、由此及彼、去伪存真、去粗取精地发问，这些问题一定问在事理的关键点、疑难处、困惑带。切忌问的虚弱。所谓问的虚弱，就是指问题追问空洞乏味、孱弱无力、不能一针见血，洞其本质效果。

仍然以 XFJ 老师参赛的经济生活《围绕主题，抓住主线》一课设计为例。2015 年 10 月 13 日苏州园区获批全国首个开放创新综合试验区——建设开放引领、创新驱动、经济繁荣的现代化高科技产业新城区。教师把苏州的发展转变形象地比喻为"从借鸡生蛋"到"养鸡生蛋"，围绕此问题设问。

问题一："借鸡生蛋"到"养鸡生蛋"分别指什么经济发展方式？
问题二：为啥要从"借鸡生蛋"到"养鸡生蛋"转变？
问题三：如何才能实现从"借鸡生蛋"到"养鸡生蛋"？

所提问题有一定的深度，既要激发学生的好奇心、求知欲和积极的思维，又要使学生通过努力达到"最近发展区"，能"跳一跳，摘桃子"。这样不仅有利于培养学生在学习过程中发现问题、提出问题、解决问题的能力，也有利于培养学生在学习前人经验的同时，具有勇于突破和敢于创新的意识和能力。这些独特的思维过程，体现了创造性思维的独特性和求异性。

总之，基于核心素养的思想政治课堂的问题链要注重价值引领，关注学生的情感、态度、价值观；平等对话，帮助学生形成正确的价值观；课堂问题链辨析，帮助学生澄清模糊的价值判断；问题链情境体验，引导学生自觉内化价值观念；实践导行，促使学生做出正确的价值选择。让问题进入课堂，以问题解决来培养学生应用能力。我们应该让学生在思维情境中学会思维，在探究问题中学会探究，我们不能不把研究重点放在常态课堂教学中问题链的研究上，使有效的课堂提问成为学生创造能力培养的桥梁、火种与催化剂。在今天的思想政治教学中，教师若能重视课堂有效提问，善加指点，一定能收到让问题不成为问题的效果。

三、在身体力行中得到切实领悟

M学校政治组认为学生在政治课学习过程中误入歧途,或者产生迷惘现象,教师责任重大。政治教师在思想政治课教学中须做到"知返"。由于当今思想政治课说与做严重错位,理论与实践严重脱节,导致了课堂教学的可信度很低,甚至有的学生产生"打死我也不信"的叫嚣。这要求政治教师必须清楚地了解过于强化高中思想政治课应试功能的危害,及时拨乱反正,使应试教育下的思想政治课能够"迷途知返"。为此,M学校政治组教师认为教师在学生迷惘时需要进行及时点拨,让学生能够迷途知返。为此需要采取以下对策:

(一)让学生亲身体验

经常听到教师抱怨说,学生对于某一类型的问题,即使是做过了好多次,但稍作变动便会无从下手;看到不熟悉的问题或题型更是茫然不知所措,解题的失误会重复不断地出现。或者教师设置了一个问题,要求学生前后四人进行分组讨论,学生回头稍微讲了几句话,教师便开始请他们交流讨论结果。有不少问题的答案其实就在书上,翻一下书本便可以找到,学生嘴唇仅轻轻嗫动了一下,回答了一个非常浅陋的答案,教师便大加赞扬一番,然后请其坐下。事实上,学生根本就没有得到应有的体验。譬如当前组织学生参加社会实践活动大多以游玩为主,其功能异化为释放学生在繁重的学业中形成的压力,体验功能严重被阉割了,这就对学生的心灵无法产生震撼。思想政治课要有效地发挥其德育功能,帮助学生形成对社会主义核心价值观的正确认识,就要开辟第二课堂,带领学生到优秀传统文化的历史博物馆以及红色记忆的地方去,让学生在潜移默化中得到教育和教化,从而形成正确的世界观、人生观和价值观。

(二)让学生亲身感受

有些教师在课堂教学中将知识点讲解得十分清楚,并且学生对一些基本概念和原理背得滚瓜烂熟,平时的教学过程中,有些习题看似操练得很熟练,但是加上了一个特定的限制,结果学生就会有可能在新的情景之下变得束手无策。这种情形不仅让学生很沮丧,而且让教师也感到很纳闷。这要求我们树立正确的知识观,不是将知识作为教学的最终目标,而是作为实现从知识向能力和素养转化的必不可少的条件。精心选择素材,中国最美的事件、感动中国的人物都可以承载着中华民族的传统美德。在现代化教育技术下,我们在思想政治课堂教学活动中选择释放正能量的教学素材,图文并茂地展示出来,让学生发自内心地感受这些充满着正能量的人和事。记得苏州市Z老师在开设《价值判断和价值选择》示范课时,运用了感动中国人物白文礼的素材,那天恰逢天气阴沉,朱老师因感冒未愈而声音有些沙哑。此时此刻,此情此景,白文礼老师捐资助学的事迹深深打动了在场的每一个人,甚至有的师生发出抽搐声,其中对学生的教育效果自然不同凡响。

(三) 让学生亲身鞭挞

情景材料:针对我国当前食品安全的严重情况,我们有必要采取针对性的措施来加强整顿和治理。我们要对症下药、综合施策,从监管、法制、产业、科技等方面来完善,形成合力。其中重之重是制定、修改和完善有关食品安全的相关法律,使之对食品安全管理更加规范、更加科学、更加有法可依。要大幅度提高我国食品安全,要加强执行力度和监管力度,不能仅仅停留在口头上,我们必须持之以恒,付出长时间不懈的努力,同时又要借鉴发达国家的先进经验和教训,以促使我国食品安全水平能更快提高。有些教师在授课时往往回避一些显示社会阴暗面的素材,总想将最美的风景展现于学生面前。人无完人,金无足赤。太完美的东西是不可能存在的,也是不可信的。发挥思想政治课的德育功能就需要将现实社会向学生完整地呈现。思想政治课教学是否成功的关键不在于向学生提供什么,关键在于我们如何引导。现实生活中存在着丑恶现象我们是无法回避的。因此,在丑恶现象展示过程中,我们需要引导学生对此进行正确的价值判断和价值选择,要提高自己的眼力,做出正确的选择。

(四) 让学生亲身思考

教师请学生将某一题目当堂做一下,还没有过几秒钟,教师便急着提问学生,当学生回答得不是很到位时,于是便换另一位学生来回答,再接下来便是教师直接开始讲解题目。教师也不巡视一下学生的答题情况,有些动作慢、学习习惯差的学生几乎还没有动笔书写,教师便在匆忙之中结束了该题的讲解。这种"满堂问"严重剥夺了学生们的思考时间,而且课后作业负担过于沉重也是思想政治课不受欢迎的原因之一,选择题、主观题仅仅考查学生对教材知识点和解题技巧的掌握,似乎是技术活,与思想政治课的"思想"性无关。我们不妨设置情境,让学生以写作小论文或者小评论的形式抒发自己的真情实感,对于学生在政治小论文中表现积极的思想予以表扬,对于其中不良的苗头则加以积极引导,防止学生在思想上误入歧途。

M学校的政治组经过探讨达成以下反思和共识。他们共同认为著名科学家钱学森在去世前仍然忧心忡忡地疑问,中国教育为什么培养不出大师?他老人家似乎也看到我国的教育体制出现了问题。当前教育部公布了高考新模式,上海和浙江也首先试水新高考,其试点必然给我们完善高考模式提供更多的经验教训,从而推动高考模式的进一步完善和发展,使新的高考模式之下的基础教育更加能够担负起促进学生成人成才的重大责任,实现我们在教育上的"中国梦"。正是因为高中思想政治课教学过度向应试功能倾斜,教师和学生的注意力也都集中在对考试的研究上,完全忽视了新课标下高中思想政治课还担负着道德教化的功能,对学生的思想道德修养方面还负有极大的责任。学校德育作为学校教育的重要组成部分,对人的发展具有不容忽视的作用。其价值就在于"提高、扩展人的价值,能最大限度地发挥人的创造才能,就在于使人活得更有意义,更有人的尊严,人格更高尚,意识到自我存在的意义"。我们要坚决杜绝应试教育下高中思想政治课快餐化、功利化、格式化的趋向,使高中思想政治课教学走出重形式、轻实质的误区。以应试为指挥棒的教学可能产生的直接后果是在学生思想政治成绩大面积丰收的同时,道德水准却产生了大幅度滑坡,这必将对和谐社会的构建产生不利影响。高中思想政治课必须"迷途知返"了,我们需要不断淡化高中思想政治课的应试功能,强化其德育功能,以塑造纯洁的灵魂为己任。

案例思考题

(1) 什么是核心素养?什么是立德树人?试分析核心素养及立德树人在课堂教学中有何价值?

(2) M学校某教研组在课堂教学方向选择中是如何走出迷惘的?这对你有何启示?

(3) M学校某教师是如何在组织课堂教学中摆脱两难之中的道德绑架?

(4) 我们应当如何正确处理学科教学中应试与教化的关系?两者可以兼顾吗?为什么?

案例三 提升核心素养 践行立德树人

**案例使用说明**

1. 适用范围

适用对象：中小学思想政治教师、思想政治教育专业学科硕士、思想政治教育专业师范本科生。

适用课程：政治课程与教学论、学校思想政治教育、政治课教学设计与案例研究等。

2. 教学目的

（1）学会运用教学理论分析解决应对课堂教学价值取向扭曲而产生的实际问题。

（2）能站在学生立场和角度，注重学情调研和分析，依据学科价值进行教学设计，并思考学生们价值处理不清的问题。

3. 要点提示

（1）相关理论

学生发展理论：不要简单地把学生作为知识的载体，学生学习的目的不仅仅是为了掌握知识，还是为了获得核心素养，让学生的学习对以后的成长产生长效影响。

教学理论：互动教学法、布鲁姆掌握学习理论。

马克思主义哲学：历史唯物主义对于社会发展规律的认识以及坚持马克思主义群众观和价值观。

（2）关键知识点

运用布鲁姆掌握学习理论鼓励学生加强对知识点的巩固和掌握，从而为实现从知识向能力和修养转变创造条件。

（3）关键能力点

要实现从知识向能力和素质的转化，在知识掌握的基础上实现科学文化修养与思想道德修养的统一，使立德树人的培养目标得以实现。

（4）案例分析思路

运用比较分析的方法，分析在学科教学中知识与素养的关系、应试与教化的关系，从而树立正确的学科价值观。

4. 教学建议

时间安排：大学标准课 3 节，时间 120 分钟。布置预习 1 节课，上课讨论

2节课。

环节安排:内容布置—学生分组—查阅文献—讨论研习—上课交流—师生互动。

适合范围:40人以下的班级教学。

教学方法:案例教学以谈论为主,讲授点评为辅。

工具选择:摘要卡片、多媒体、案例打印资料、录像机、录音笔等。

组织引导:

教师布置任务清晰,预习要求明确具体。

提供给学生必要的参考资料。

学生课下讨论需要及时指导并给出建议。

活动设计建议:

课前计划一节课,要求学员认真阅读案例和相关推荐书籍,结合案例思考题进行思考。

上课前做好教学准备。将桌椅分组摆放成弧形,为每个小组准备编号和姓名的桌签。每个小组提供一张小组讨论记录表,包括每个人的发言记录和综合的观点。同时通知相关人员做好录像和录音工作。教师准备好点评资料和提纲。

下课后教师及时总结案例教学的得与失,以便改进后续的教学行为。

5. 推荐阅读

[1] 张剑.立德树人[M].上海:上海人民出版社,2009.

[2] 高秀兰.立德树人:理论与实践[M].北京:中国文史出版社,2015.

[3] 鲁洁.王逢贤.德育新论[M].南京:江苏教育出版社,2000.

[4] 周国正.思远树人——中小学德育管理的理论和实践[M].上海:复旦大学出版社,2015.

案例四

X老师生命教育之探索

摘　要：目前，自杀已经成为全世界共同关注的公共精神卫生和社会问题。在我国，每年有25万～28万人死于自杀，此外，每年还有200万人自杀未遂，这意味着每天至少有5 000人想以自杀结束生命。其中15岁～34岁的人群中，校园霸凌事件频频发生，自杀是首位死因。面对一个个年轻鲜活的生命凋零，某市教科研学术带头人，某四星级高级中学分管德育的副校长、政治老师X，在痛心之余，认为对生命健康的漠视是校园霸凌事件频发和青年学生自杀率居高不下的重要因素。因此，如何通过加强生命教育，预防自杀，就成为摆在广大教育工作者面前的一个重要课题。为此，他一方面发挥课堂主渠道的作用，在思想政治学科教学中结合金钱观、消费观、就业观等知识，将生命的价值和生命的质量渗透于其中，对生命教育进行了成功的演绎。另一方面，他身体力行进行示范引领，积极践行理想的教育：即让生命承载着希望，让学生们的生命之花怒放，让教师家庭充满温馨祥和，让教师生活充满着阳光等取得了良好的效果。

关键词：生命教育　学科渗透　示范引领

 **背景信息**

近年来，关于中学生自杀及校园欺凌事件，以及一些老师因不爱惜身体导致生命透支甚至过劳死的报道频频见诸媒体，X老师在深感痛心和惋惜的同时，也深深体会到作为一名高中政治教师的责任重大，以及对学生进行生命教育的必要与紧迫。X老师认为，高中三年的学习生活是高中生生命历程的一个重要阶段，是学生学习知识和学会做人的三年，也是应该体验生活、享受生命的三年，活出精彩的三年，不仅可以收获高考成功的喜悦，而且可以为漫漫人生铺垫希望的基石。而对于教师来说，30多年的教学生涯是占据三分之一以上的生命时光，这宝贵的时光如果只停留在谋生层次，定位于完成每天的教学任务，未免太过功利。不是所有的教师都有强烈的事业心，但是每位教师都

会有自己的体会和感悟,都有存在的价值和意义。如若知晓自身的内在需求,合理定位,人人都能发挥自己的特长,达到自我认可,并获得他人赞赏,实现生命的价值。教师的生命价值不是抽象的,每日的教学体验和教学反思积累到一定的程度,便会有生命价值的显著提升。相信在日常的教学实践中,高中政治教师不仅可以实现专业发展,更能享受生命的喜悦、书写生命的精彩。

案例正文

一、学科渗透,教学引领

(一)在《经济生活》中渗透生命教育

X老师认为伴随着社会主义市场经济体制的建立和完善,多种利益关系的出现和冲突,当前社会出现了多种思想、多种文化、多种价值观的激荡和碰撞,也日渐渗透到中学校园。多种思潮的存在一定程度上丰富了我们的文化生活和精神世界,但不等于我们一定要全盘接受这些思想观念,也不等于我们要坚持多元化的价值取向。当代中国,我们需要坚持社会主义核心价值体系,树立社会主义荣辱观,弘扬和培育民族精神,自觉抵制腐朽落后低俗思想文化的侵蚀。在高中思想政治课教学过程中,要始终坚持马克思主义先进理论为主心骨,弘扬主旋律。《经济生活》教学中也要发挥其思想政治课教学德育功能的主阵地作用,实现对生命价值的探索。X老师结合金钱观、消费观、就业观等教材知识,将生命的价值和生命的质量渗透于其中,并结合大量的史实资料、当代先进人物的事迹对生命教育进行了成功的演绎。

1. 树立正确的金钱观以抵制拜金主义

俗话说,人为财死,鸟为食亡,有钱能使鬼推磨。这就是金钱"拜物教"的经典言论。这种道德价值观念认为金钱高于一切,主宰一切,社会的一切关系都可以演绎为金钱关系;金钱是人生的全部内容,也是人生追求的唯一目标。事实上,这是对货币本质的误读。货币本质是一般等价物,可以作为财富的象征,产生了独特的魔力,也就成为某些人心中万能的上帝。青少年要健康成长,必须反对和抵制拜金主义,树立正确的金钱价值观。我们在货币知识教学过程中必须渗透正确的金钱价值观教育,明确金钱也具有"二重性",正确对待,就可以造福人类;片面追求,就会写下不光彩的人生。周恩来上初中时就"为中华之崛起而读书";毛泽东16岁"身无分文、心忧天下",立志"改造中国与世界";伟大的革命先行者孙中山先生创办的黄埔军校,校门口曾有一幅著名的对联:"贪生怕死莫入此门,升官发财请走它路",他们始终朝着正确的人生航向前进。这些先进人物树立了正确的金钱价值观,在社会历史发展中发挥了积极的作用,也写下了光辉灿烂的人生。相反,社会上还有些人认为搞市场经济就是要"一切向钱看",鼓吹发展社会主义市场经济必然产生拜金主义。也有些人由于放松思想改造,受"人无横财不富,马无夜草不肥"观念的支配,在"金钱至上"思想的影响下,利用手中权力,疯狂吞噬国家和集体的资产,走上了犯罪道路,最后从高高的"红塔山"上坠落,走出了一条弯曲的堕落的人生。湖北长江大学三位学生因救人溺水,而这些"生意人"却只打捞死人,不救活人,坚持丧失人性的所谓"商业"原则。原因是打捞尸体比救活人赚的钱多,就见死不救,眼睁睁地看着见义勇为的大学生溺水而亡。紧急救援,这个本属于公益领域的服务被赤裸裸的商业化和营利化,直接或间接地侵蚀着公民的生命健康权,让生命价值和人的尊严被利欲熏心所践踏。大学生舍己救人牺牲却遭遇捞尸者勒索,再次暴露了拜金主义者的无耻。"理想理想,有'利'就想;前途前途,有'钱'就图",唯利是图是他们的本性。这些人正如恩格斯所说的那样:"因为他们活着就是为了赚钱,除了快快发财,他们不知道还有别的幸福,除了金钱的损失,也不知道有别的痛苦。"汶川地震、西南干旱、玉树地震一次又一次降临于多灾多难的中华民族。灾难兴邦,在巨大的自然灾害面前,中华民族发扬了团结统一、勤劳勇敢、自强不息的精神,"一方有难,八方支援",全国各族人民积极捐款,集全国之力共同抵御灾害,中国人民在大灾面前之大爱凝聚起来的中国力量震惊了世界。在大灾大难面前,伟大的中国人民大爱无疆,交上了一份满意的答卷,谱写了一曲正确金钱价值观的伟大赞歌。拜金主义者把金钱看得过重,一天到晚只为钱多钱少算计,一门心思系在金钱上,丧失对工作学习的热情,久而久之,不仅使生命的品位被打折,很有可能导致人生不体面地被终结。因此,我们树立正确的金钱价值观,就要正确处理金钱与人生的关系。首先,承认金钱与人生有着密切的关系,正当合法地获得金钱,是人生幸福的重要条件,是实现人生价值的重要物质保证。其次,更应该看到金钱不是人生的全部内容,不是人生价值的决定因素。明确我们是金钱的主人,而不是金钱的奴隶。坚持君子爱财,取之有道,用之有度,树立正确的社会主义金钱观。

2. 树立正确的消费观以反对享乐主义

近年来,中学生高消费已经引起社会普遍关注。学生是一个庞大的消费群体,在市场经济的大潮中,学生的消费观念也发生了很大的变化,高消费就是其中的一个表现。有些中学生的消费非常盲目,不够理性。如饮食消费跟着广告走,服饰消费跟着名牌走,娱乐消费跟着潮流走,人情消费跟着成人走。这种错误的消费观念对学生的人生道路和人生选择带来极大的消极影响,导致价值观的扭曲。因此,需要加强对学生消费观的指导,帮助他们树立科学的消费价值观。一些家长抱着"再穷不能穷教育,再苦也不能苦孩子"的思想,怕自己孩子在别人面前抬不起头,自己省吃俭用好让孩子"风光无限"。于是学生消费在攀比之下朝着非理性方向飞速发展,"吃要美味、穿要名牌、玩要高档"成为中学生消费的主流。高消费对于家长们来说,"有条件要上,没有条件创造条件也要上"。学生的注意力不再集中在学习上,学生谈论的焦点也不再是学习中遇到问题的质疑,理想信念从某些学生的字典中消失,奉献追求也成为稀缺"东东"。富裕家庭固然有条件让孩子高消费,但过度高消费毕竟把孩子的注意力转移到物质刺激上,忽视了精神消费和个人的全面发展,也会让孩子在高度发达的物质消费面前迷失自我,迷失人生目标。贫寒家庭的高消费会导致孩子在攀比之中失去对父母感恩之心,一旦家庭难以承担其更高的消费欲望时,就会制造出人世间一曲曲悲剧,甚至会向他人伸出"第三只手",在自己的人生道路上写下耻辱的一笔,使自己生命的质量一落千丈。爱因斯坦把这种穷奢极欲的消费行为称为"猪栏理想",认为这是低层次的生命品质。这种落后的消费观只会导致生活天地狭小、革命斗志衰退、理想信念动摇,使人生走上颓废和堕落。有些人为了满足自己的欲望,不惜损害国家和人民的利益,成为国家和人民的罪人。"有钱难买幼时贫""再富也不能富孩子"这是许多智者育子的经验,也是不少专家称道的箴言。因此,在教学过程中,我们要结合影响制约消费因素、消费心理和消费观等知识,引导学生认识攀比消费、非理性消费引发的高消费的危害,坚决反对片面追求物质消费,把个人幸福建立在对物质生活的吃喝玩乐上,对社会无穷无尽的索取的享乐主义消费观。认识到人生的追求是多方面的,物质生活的富足固然重要,而崇高的理想、事业的成功、幸福的家庭、真挚的友谊、艺术的欣赏、精神的欢愉以及健康的体魄等,都是人生更高尚的追求。科学的消费方式应该是物质生活和精神生活的统一,是创造和享受的统一,是个人和社会的统一。

3. 树立正确的就业观以远离利己主义

俗话说:男怕入错行,女怕嫁错郎。入错行就是选错了职业。在中国,选择定的职业一般情况下不会轻易改变的。因此,一定意义上说选择职业,几乎等同于选择自己的人生道路。当前许多人对职业选择的依据是能够给自己带来多少回报。大学专业设置也按照经济回报率被分为热门专业和冷门专业,热门专业考生趋之若鹜,分数线也水涨船高;冷门专业分数线一降再降也无人问津。公务员因收入高,工作清闲再受热捧。公务员录用考试升级为"国考",更是规模宏大,热闹非凡。当前大学生就业难已经成为相当严重的社会问题。固然,一部分是大学培养与社会需求相脱节形成的,但也有一部分是学生就业观念出现了偏差。就业选择上对功利追求超越了社会价值的追求,崇高的理想让位于现实的报酬待遇。有的人没事干,有的事没人干。许多人在悠闲地虚度光阴中生存着,成为附在社会肌体上的寄生虫,人生缺乏应有的亮点和鲜艳的色彩,在虚无缥缈的幻想中陶醉或愤青。宁愿做梦,也不愿实干。因此,结合所学认识就业问题的重要性必要性、劳动者权利与义务、树立正确就业观以及提高素质做好就业和创业准备等知识,对中学生进行正确就业价值观和职业理想教育,帮助学生树立正确择业观,抵制错误思想和认识是十分必要的。马克思认为:"在选择职业时我们应当以人类的福利和个人的理想为主要指针","如果我们选择一种能够对人类作最大贡献的职业,那么,我们就不会感到负担太重,因为这是为一切人而牺牲;到那时候,我们所得到的将不是微小的、可怜的自私的快乐,我们的幸福属于亿万人民。我们的事业是默默无闻的,然而,它却是经常不断起作用的,而在我们的遗骸上,将会洒下崇高人们的热情眼泪。"劳动者履行义务是享有权利的前提和基础,宪法规定劳动既是我国公民的一项权利,也是一项义务。人的价值在于劳动和奉献,衡量价值的标准不在于索取了多少,而在于贡献了什么,贡献了多少。实际上,人的一生追求的终极目标之一是被"需求",是被家庭需求、被朋友需求、被社会需求。在社会的大熔炉中展现自我价值,展露自己的才华,提升生命的品位。

价值观对认识世界和改造世界具有导向作用,对人生和人生道路的选择具有导向作用。人生的价值在于无私。人生的幸福与快乐都蕴藏在无私中。清华的一位教授提出过一个观点:"人一生的追求,无非是两个目标,即:做大事、挣大钱。"做大事不可畏,挣大钱也不可怕,关键在于为谁做大事,为谁挣大钱。只要人人都献出一点爱,世界就会变成美丽的人间。我们拥有生命,就得珍惜生命,就要好好善待生命,体现生命的价值。水木年华曾推出一首重磅好歌《生命的意义》,对生命的意义这一终极命题进行了深入浅出的阐释。对生活的热爱,对人的热爱,就是生命的意义和价值。

(二)在《生活与哲学》中渗透生命教育

X老师查证大量的数据资料后认为自杀已经成为全世界共同关注的公共精神卫生和社会问题。在我国,自杀是第五大死因,占全部死亡人数的3.6%。

在15岁~34岁的人群中,自杀是首位死因。我国每年有25万~28万人死于自杀,平均每天约有750人。此外,每年还有200万人自杀未遂,这意味着每天至少有5 000人想以自杀结束生命。笔者认为,生命教育的缺失是青年学生自杀率居高不下的重要因素。泰戈尔曾经讲过"教育的目的是应当向人类传送生命的气息","生如夏花之灿烂,死如秋叶之静美"。预防自杀,最重要的是生命教育。通过生命教育,让学生真正认识到自杀不是最终的办法,如果成功了,就意味着死亡,意味着生命的丧失,也就意味着失去了其他一切尝试的机会。这样学生就会更加懂得珍爱、尊重自己与他人的生命,而不会草率地选择结束生命。因此,学校教育需要纠正过于偏重知识与技能的错误,要充分利用课堂教学的主阵地,加强人文精神的渗透,深化对人生的认识。高中思想政治课教学中,应当把政治课作为生命教育的主渠道,在哲学课堂奏响生命的乐章,将哲学课堂打造成为生命的课堂。

1. 激发学生对生命的热情

古希腊哲学家苏格拉底在法庭上为自己辩护时说:"未经过思考的人生是没有意义的。"这意味着人的生命离不开真正意义上的思考。进行生命教育,让学生热爱生命,就要激发学生的热情,充实学生的精神世界。精神空虚是造成学生自杀的重要原因之一。精神不是万能的,没有精神是万万不能的。意识具有能动的反作用,正确的意识起促进作用。我们要重视意识的作用和精神的力量,树立正确的思想意识,反对和克服错误的思想意识。在组织本知识教学时,要对学生进行科学的"三观"教育,坚持以科学的理论塑造人,以高雅的文化熏陶人,启迪学生心智,活跃学生思想。坚持先进文化的前进方向,抵制腐朽的落后的思想侵蚀。认识具有反复性、无限性、上升性。与时俱进,开拓创新,在实践中认识和发现真理,在实践中检验和发展真理,是我们不懈的追求和永恒的使命。在思考和真理追求中展现生命之美,表达生命之实,奏响善待生命的乐章。

2. 点燃学生对生命的希望

教育家苏霍姆林斯基说过:每一个学生就其天资来说都是"诗人",只要在教育方法上"打开创作的源泉",就能使"诗人"的琴弦发出美妙的乐声来。新东方校长俞敏洪《新东方精神》开篇寄语的标题就是《从绝望中寻找希望——人生终将辉煌》。有的学生在困难和挫折面前往往表现出痛不欲生,生不如死。当务之急就是帮助有轻生倾向的学生点燃生命的希望,增强活下去的勇气。唯物辩证法认为发展的实质就是新事物的产生和旧事物的灭亡,即新事物代替旧事物。新事物是不可战胜的,但新事物并不是一开始就是成功的。新事物走上成功之前,往往需要经历许多次失败和挫折,需要经历一个成长的过程、战胜旧事物的过程以及被认识和接受的过程。有人把青少年的成长比作"蝶变",认为青少年好比蝴蝶,他们经历着从毛毛虫到蝴蝶之间的层层蜕变。虽然这种蜕变充满潜能和希望,但又很脆弱,很危险。如果毛毛虫预见不到"蝶变"后的风光和美丽,就轻易放弃生存的希望,人间岂不因为缺少这些美丽的小精灵而失色!孟子云:故天将降大任于斯人也,必先苦其心志,劳其筋骨,饿其体肤,空乏其身,行拂乱其所为,所以动心忍性,增益其所不能。我们应当大力开展幸福教育,培养学生树立远大的理想信念,激发他们对生活的无比热爱和内心深处的自我幸福感。以对未来幸福生活的憧憬缓解现实生活的压力,奏响爱惜生命的乐章。

3. 磨炼学生对生命的意志

危机是个人成长过程中很难避免的,如果处理得当,越过这个危机就是成长的一个契机。学生在挫折、磨难面前普遍存在着缺陷,轻易放弃对困难和挫折的抵抗,轻生情绪油然而生。这要求我们多途径通过不同形式进行挫折教育,提高学生的心理承受能力。正确看待挫折,培养多维思考模式,增强心理"弹性",做到凡事拿得起,放得下,坦然面对各种挑战。如通过唯物辩证法矛盾的观点,引导学生认识到任何事物都是一分为二的,存在着既对立又统一的关系。在矛盾的统一体中,对立的双方在一定条件下可以相互转化的。任何人都有自己的长处和短处,都有成功与不足,都有可能遭遇到危机。此时,我们就应当更加深刻地认识到失败是成功之母,在危机中抓住机会,转"危"为"机"。又如,唯物辩证法的发展观也告诉我们,在困难和挫折面前,要磨练自己的意志,战胜困难,克服挫折。正确认识、分析困难和挫折,指导学生正确处理学习、成才、择业、交友等方面遇到的问题,帮助学生积极向上,乐观豁达,自主地缓解心理压力,增强克服困难的勇气和信心。事物的变化发展是量变和质变的统一,量变是质变的前提和必要准备,质变是量变的必然结果。世界上没有无缘无故的质变,要促成飞跃就要注意量的积累,要品尝成功的喜悦就要付出艰辛的努力。成功往往是失败的积累,一次次失败促成了质的飞跃。任何新事物发展的根本途径是前进性和曲折性的统一。在顺境时,要保持清醒的头脑,时刻准备走曲折的路;逆境时,要充满信心,要坚信前途是光明的。我们要学会化解因为失败、困难、错误在心理留下的阴影,使自己在困难和挫折面前变得更加坚强。

4. 培养学生对生命的思考

《孟子》说,"生,我所欲也;义,亦我所欲也。二者不可得兼,舍生而取义者也。"有些学生并不是为取义轻生,其自杀的前兆是感觉自己活着没有意义。也有一些青少年在遭受挫折或打击时,由于对生命的价值缺少正确认识,很容易做出极端的选择。文天祥在困境中仍然对生命的价值充满着渴望:"予分当引决,然而隐忍以行。昔人云:'将以有为也'。"在价值观教学过程中有意识地渗透生命的价值和意义的教学,引导学生明白人的价值在于劳动和奉献;价值观对人们认识世界和改造世界及人生道路的选择具有导向作用,要坚持正确价值观的导向作用;做出正确的价值判断和价值选择,就要遵循社会发展客观规律,站在人民群众根本利益的立场上。明确自己的生命不只是属于自己的,更是属于国家的,属于社会的。跳出狭隘的自我,不是只追求自我价值,而是将这份成功体现在对社会的价值上,在个人与社会的统一中实现自己的人生价值。这样弘扬的生命价值往往是自己获得最大幸福的不竭源泉。

当然,X老师也知道,哲学教学渗透生命教育只是其中的一个途径,在思想政治课教学中还要通过经济、政治、文化等科目进行生命价值和意义的熏陶,其他学科也可以彰显生命的意义,学校的橱窗也可以对生命教育的材料进行集中展示,班级黑板报也可以成为生命教育的一个重要阵地。总之,生命教育是时时刻刻、实实在在的教育。我们需要携起手来,共同营造一个珍惜生命、热爱生命的良好氛围。

二、身体力行,示范引领

在X老师看来,每一朵鲜花都有盛开的理由,生命对每个人来说都只有一次,成绩的取得不应该也不需要以生命为代价。"春蚕到死丝方尽,蜡炬成灰泪始干",是社会对教师无私奉献和自我牺牲精神的赞誉。但是,再坚强的灵魂也需要有一个血肉之躯的支撑。理想的教育应该让生命承载着希望,让学生们的生命之花怒放,让教师家庭充满温馨祥和,让教师生活充满着阳光,而不是生命的凋零。媒体报道中教师的先进事迹往往以教师及其家人的灾难来成就伟大,"死亡"造就先进事迹,生命成为"神圣"的祭品。当今社会,"可持续"日渐深入人心。科学发展是可持续发展,绿色消费是可持续消费,那么健康教育就应该是可持续教育。但事实上,应试教育下升学率、平均分及社会对教师超高标准的期望值,导致教师心理承受力严重"超载",严重影响教师在教育教学过程中对生命希望的承载。

(一)教师要珍爱学生

学生是生动活泼鲜活的个体,既是教育教学的对象,也是自主学习的主体。教师对学生的学习固然有很大的影响,但不起决定作用。那种认为"没有学不好的学生,只有不会教的老师"的观点是十分荒唐的。科学的观点是学生的成绩主要靠学生学出来了,而不是老师教出来的。如果我们过于片面夸大教师对学生成绩的作用,过于迷信"严师出高徒",那么对中国教育来说就是一场灾难。教师被迫在急功近利的心理驱使下,很有可能对学生的缺点和错误失去了耐心,情绪失控。这样原始野蛮粗暴的"棍棒教育"就轰轰烈烈地发生了。可能学生还来不及体味教师"打是疼,骂是爱"的"真谛"时,一些生命之花就过早凋谢了。可见,教师对学生的教育是承载着生命希望的生命教育,我们不要把学生逼上绝路,而是要让学生体味到生活得有价值,感受到学习得有意义。有的教师在强大的教学压力下,不堪重负,只好把压力转嫁到学生稚嫩的肩膀上,让学生的身心饱受折磨。还有的教师因为教学成绩与教师的福利待遇挂钩,就想方设法"逼迫"学生考出好成绩。当前校园伤害事件相当一部分是教师对学生的伤害,其中包括语言伤害、冷暴力伤害甚至直接暴力伤害。如果在网上运用搜索引擎搜索一下,教师伤害学生案例比比皆是,原因从迟到、不交作业、看课外书到课堂讲话违纪,不一而足。除了有些教师容易激动,情绪失控外,对学生缺乏应有的爱心也是其中重要的原因之一。有些伤害使学生的心灵饱受创伤,甚至有些学生的生命为此画上了句号。教师施教方式并非除粗暴教育外别无选择,教师还可以通过真情关爱感化学生,打开学生的心扉,促进师生沟通互动。总之,学生的健康成长离不开教师真心关爱,学生的生命之花在教师爱心呵护浇灌下才会更加娇艳,更加旺盛,更加具有生命力。教师需要在奉献中实现人生价值,用生命浇灌出美丽的花朵。

(二)教师要珍重家人

教师既是一门职业,更是一项伟大的事业。教师不仅对学生承担着责任,对家人,尤其是对需要监护的未成年人承担着不可推卸的义务。固然人生的真正价值在于劳动和奉献,但不可以把自己的亲人,尤其是未成年子女作为牺牲品。记得看过一篇文章《每一朵鲜花都有盛开的理由》,文中讲述了教毕业班的教师为了辅导学生,硬是把自己发烧的女儿独自一个人放在家中,结果造成孩子高烧耳聋的终生残疾。后来这位教师在先进事迹报告会上讲述了这件事,并说班级学生很争气,在统一考试中取得了优异的成绩,她感到很欣慰,并认为为此女儿耽误治疗而导致耳聋是值得的。显然,这位对学生高度负责的老师却是一位不合格不称职的母亲。作为未成年人的监护人,保护少年儿童的身心健康是义不容辞的义务,她并非别无选择。我们通常告诫学生一次考试失败不算什么,我们还可以卷土重来、东山再起。但对于一位儿童来说,耳聋就意味着终生残疾,很可能成为家庭以至国家长久的负担。教师的孩子也需要正常的父母关爱,也需要人伦亲情。每一朵鲜花都有盛开的理由,不能因为她是教师的孩子就失去盛开的机会,甚至就过早地凋谢了。教师对学生的职责应当为学生奉献,但没有必要赔上孩子的前途和幸福。教师也应当有自己的生活,应当把工作与生活区分开来,决不能以自己的工作为理由而推卸自己对家庭未成年人应该承担的责任。

(三)教师要珍惜自己

教师既要尊重自己的事业,爱惜自己的学生,同时也要懂得保重自己。因此,教师的生命价值不仅仅是生命的意义,也不仅仅是教师的爱心奉献,还有社会各界及教师自身对教师生命的尊重和保护。只有如此,教师的生命之花才会盛开得更加绚丽多彩,生命价值才会更加长久。但事实上,在高尚的社会道德期许之下,教师承受着巨大的压力。教师夹在学校和家长中间,遇到突发事件,就有可能两头受气,里外不是人。如教师严厉管束学生,家长会指责老师;如果放松要求,学生成绩下降,家长也会责怪老师。同时教师承担着很尴尬的角色。在社会看来,教师是非常"神圣"的,教师也需要无愧于"神圣"的称号,教师应当符合社会的期许。教师是知识的传授者,要求教师知识博大精深,无所不知;教师是常规的管理者,希望教师严明公正,宽松有度;教师是家长的代理者,期待教师温馨体贴,关爱有加等。据统计,教师群体中有50%~60%的人处于亚健康状态,20%~30%的教师有严重的心理问题,甚至有些教师心理无法承受压力,不堪重负,选择过早结束自己的生命。因此,教师也需要多种方式缓解心理压力,如发展多种爱好,从自身实际出发,不提出超出自己能力范围的过高要求,适当降低自己的期望值。教师在自我减压的同时,还要注意自身的身体健康。兴化徐书来老师患胰腺炎去世,终年42岁,临终前其手机里装满了学生们的祝福短信。发病当天上午,他忍着剧烈腹痛去学校上了两节课后,又到办公室批改试卷,错过了治疗的最佳时间。"我的课是谁代的?"这是他对来访校领导的"临终遗言"。临终前,家人在其口袋里发现了一叠试卷。徐书来老师忘我工作的精神感动了太多的兴化人。兴化市市政府发出号召,要求全市教师以及其他所有公职人员都要向爱岗敬业的徐书来老师学习。无独有偶,《河南日报》报道,年仅31岁的河南滑县万古镇一中初二(3)班班主任杜继红老师,因"劳累过度引发脑血管病变",在她那间办公室兼宿舍的屋子里猝然去世。听到这个消息,300多位学生自发来到她办公室前长跪两个小时。这些事迹确实感人至深,在深深感动的同时,也引发了我们反思:留得青山在,不愁没柴烧,如果这些错过最佳治疗时间而导致生命打折的教师能够暂时把手中的工作放一放,缓一缓,先把疾病治好,再健健康康地开展教育教学活动,不是很好吗?带病工作,不仅对自己及家人不负责任,同时也会使课堂教学效果大打折扣。建议相关党政机关在表彰这些教师先进事迹的同时,不妨出台指导性意见,督促生病教师不要拖着,要早发现早治疗;创造条件为广大教师提供体检的机会,及时发现教师身体病变,并由学校积极介入,督促教师早治疗,使教师的生命价值得到延续。

X老师认为,中国教育事业的发展需要中国教师群体的无私奉献,学生的健康成长离不开教师科学合理的关爱。教师要爱护但绝不溺爱学生,教师要严厉但绝不伤害学生,促进学生成人成才。教师也要兼顾家人与自己的身心健康,我们决不能"赢了事业,输了家庭"。教师的生命教育千万不要异化为"要命"教育,教师的教育教学承载着生命的希望。教师的高尚和伟大并不一定要让生命以悲剧式地落幕为代价。社会对教师的感动的真正来源不是在于教师及家人的苦难,而是来自于学生、教师及家人生命质量的提升和生命价值得到体现。我们衷心希望教师在给国家和社会带来万紫千红的同时,也不妨还自己一个生机盎然的春天。

 案例思考

(1) 什么叫生命教育?请指出生命教育应该包括哪些方面?(至少回答三个方面)

(2) 在实施生命教育的过程中,我们应当如何结合思想政治模块的知识促进广大师生去珍爱生命?(请分别结合几个必修模块举例说明)

(3) 在日常生活中根据你的观察,你发现有哪些不爱惜生命的行为?你打算运用思想政治哪些相关知识去说服他们?

(4) 请你为学生制定一个生涯规划,在这个规划中使生命得到珍惜和保护,并提供依据。

 案例使用说明

1. 适用范围

适用对象:中小学思想政治教师、思想政治教育专业学科硕士、思想政治教育专业师范本科生。

适用课程:政治课程与教学论、学校思想政治教育、政治课教学设计与案例研究等。

2. 教学目的

(1) 在政治学科教学过程中渗透生命教育,促使学生珍爱自己的生命,也爱惜他人生命,教师在对学生实施生命教育的同时也需要爱惜自己。

(2) 教师备课需要站在珍爱生命的立场,采取现实中活生生的事例,鼓励学生,也激励自己让生命如花绽放。

3. 要点提示

(1) 相关理论

教师发展理论和学生发展理论:让学生明白生命对每个人来说都只有一次,我们需要珍爱自己的生命,珍爱他人的生命。

教学理论:渗透教学、心理取向的教学理论。

马克思主义哲学:历史唯物主义的价值观以及价值的创造与实现。

(2) 关键知识点

在备课和教研中着重挖掘教材中生命的闪光点,并结合大量的事例为珍爱生命提供佐证,使我们的渗透性教学更加有说服力。

(3) 关键能力点

运用教材知识和来自现实生活中生动的事例的联结点,实现教材与现实的融合,发挥思想政治课在生命教育中独特的作用。提高我们生命的质量,延伸我们生命的长度。

(4) 案例分析思路

在备课和预设过程中,注意挖掘教材中实施生命角度的节点,注意搜集关于生命态度的正反两个方面的事例,从而生动形象地对学生实施生命教育。

4. 教学建议

时间安排:大学标准课 3 节,时间 120 分钟。布置预习 1 节课,上课讨论 2 节课。

环节安排:内容布置—学生分组—查阅文献—讨论研习—上课交流—师生互动。

适合范围:40人以下的班级教学。

教学方法:案例教学以谈论为主,讲授点评为辅。

工具选择:摘要卡片、多媒体、案例打印资料、录像机、录音笔等。

组织引导:

教师布置任务清晰,预习要求明确具体。

提供给学生必要的参考资料。

学员课下讨论需要及时指导并给出建议。

活动设计建议:

课前计划一节课,要求学员认真阅读案例和相关推荐书籍,结合案例思考题进行思考。

上课前做好教学准备。将桌椅分组摆放成弧形,为每个小组准备编号和姓名的桌签。每个小组提供一张小组讨论记录表,包括每个人的发言记录和综合的观点。同时通知相关人员做好录像和录音工作,教师准备好点评资料和提纲。

下课后教师及时总结案例教学的得与失,以便改进后续的教学行为。

5. 推荐阅读

[1] 徐鸽.生命教育[M].北京:外语教学与研究出版社,2012.

[2] 周弘.生命如水,哪一段不美[M].武汉:武汉出版社,2010.

[3] 米兰·昆德拉.生命中不能承受之轻[M].天津:天津科技翻译出版公司,2009.

[4] 海伦·凯勒.假如给我三天光明[M].北京:中央编译出版社,2011.

案例五

H 老师案例教学的实践与思考

摘 要:伴随高考改革,教学改革势在必行。江苏新一轮高考综合改革方案已于2018年秋季入学的高一新生开始启用,在2021年普通高考中正式实施。从试点的浙江和上海高考改革了解,选考政治学科的学生数非常少,使得本来枯燥无味的政治学科地位更加尴尬。这就需要教师通过课堂教学的改革创新,精选案例,选身边事例,透视哲理,激发学习兴趣;选经典故事,明晰哲理,培养思辨性;选热点事件,映射哲理,突出时代性;巧选事例,学以致用,培养综合思维。

关键词:教学改革 案例教学 生活化 思辨性 时代性

背景信息

新一轮课程改革为教育的发展指明了鲜明的方向,其基本思想是:以学生发展为本,关心学生需要,课堂生活要联系学生生活实际。江苏新一轮高考综合改革方案从2018年秋季入学的高一新生起开始启用,在2021年普通高考中正式实施。这其中课堂教学改革是课程改革和高考改革的灵魂和核心。美国哈佛大学的埃尔·莫尔教授有一个形象的比喻,课堂教学变革就像是一块又大又厚的橡皮,将这块橡皮不断拉长,改变着形状,看起来已经临近突破点,但就在那一刹那,它就突然有缩回到原来的样子,就像一切都没有发生过。对于课堂教学变革来说,精选案例就是那个临界点、关键点。

案例教学(Case Study),最早兴起于20世纪的美国哈佛大学商学院,然后在医学和其他专业教学领域中得到推广,继而成为当今世界广泛采用的一种教学方法。它以一个或者几个案例为主线、以一个或者几个问题为切入点,进而对案例进行分析、挖掘、探讨的教学方法,它对学生起着增强学习兴趣、领悟课本知识、开启创新思维、提升综合能力的作用。课堂教学中创设有效的教学案例,有利于引导学生主体的参与,形成善于质疑、乐于探究、勇于求知的学习氛围,从而实现师生人格对等基础上的交融、相互依赖氛围下的启迪、交流后的认可、肯定中的引导、浅层中的深入。

著名心理学家皮亚杰说:"所有智力方面的工作都依赖于兴趣。"而学生的学习兴趣是在一定的情景案例中发生的,离开了情景和案例,学生的学习兴趣也就成了无源之水、无本之木。再由于思想政治课上成纯粹的理论课,学生就会感到枯燥无味。因此,如何选择合适的案例,激活学生的思维火花,引导学生积极地思考,进而形成精彩的生成,提高教学效率,是一个值得探讨的问题。笔者以人教版《生活与哲学》第九课《唯物辩证法的实质和核心》为例,谈谈如何精选案例,推进有效教学。

案例正文

一、选身边事例,透视哲理,增强趣味性

高中思想政治新课程理念强调"构建以生活为基础,以学科知识支撑的课程模块",这不仅符合教学规律的客观要求,也是尊重学生学情的现实需要。教师要站在学生的立场上,从生活经历出发,从中选择出来源于学生生活、学生情感体验的案例,这样才能拉近现实与理论、学生和教师的距离,激活学生的参与热情,点燃学生的思维火花,让学生"想说话、能说话、会说话"。如果选取的案例过于生疏,课堂教学就会出现"剃头担子一头热"的尴尬局面,教学效率势必大大下降。

案例一:在教学"矛盾的含义和基本属性"时,我选择学生身边事例:我的个子是高还是矮?

本人身高 165 cm,我问学生我个子高不高?此时我正站在第一排同学面前,学生异口同声说我高;当我走到最后一排张星同学(身高 185 cm)面前,并请他站起来时,学生先是大笑起来,马上说老师很矮。我问同学们:这说明了什么?说明在我身上既有"高"的一面,也有"矮"的一面。那在我身上除了高矮,还有其他相对的吗?这时课堂活跃起来了。学生七嘴八舌,有胖瘦,有黑白,有优点和缺点……那其他的事物呢?……学生终于明白:世界上一切事物都包含两个方面,这两方面既相互统一又相互对立。矛盾就是反映事物内部对立和统一的哲学范畴。老师继续追问:为什么刚才说我高,又说我矮?原来矛盾双方相互依赖、相互贯通,在一定的条件下可以相互转化。接着,我要求每位同学当堂写出一条反映这一哲理的名言、诗词、警句。很快学生就纷纷示出自己的作品:虚心使人进步,骄傲使人落后;泾溪石险人兢慎,终岁不闻倾覆人,倒是平流无险处,时时闻说有沉沦;失败是成功之母;无为尺咫远,有志天涯近……一节课很快就过去了。

案例二:在教学"矛盾的主次方面"时,我选择学生身边事例:学生能不能带手机进校园?

手机给人们带来便利的同时,也带来一些烦恼,那该如何看待和规范学生使用手机呢?

学生对这个话题有话说,学生积极思考,踊跃发言。

我校规定在校期间学生不得将手机带入校园,因为弊端较多;而很多学生认为将手机带到学校会给自己带来许多方便。你带还是不带,为什么?

学生选择偷偷带手机入校园,理由是手机方便联系,查阅资料快捷,学习功能强大等(认为带手机对学习和生活的利为矛盾主要方面)。学生选择遵守学校规定不带,理由是校方规定有道理,有些手机功能诱惑大,浪费时间,影响学习(认为带手机对学生学习和生活的弊为矛盾主要方面)。由此归纳矛盾主次方面的辩证关系,揭示事物的性质主要是由主要矛盾的主要方面决定。

在教学过程中,一位学生发言:"其实我们大多数人都是带着手机到校园的,只要不被发现就行,班主任老师基本上也是这个意思。"她的回答让全班学生会心一笑。为此,我引入了"美国公立学校对学生带手机入校禁令的立与废"的事例,拓宽学生视野,培养思考的习惯。

为保证课堂教学秩序,美国的公立学校从 2007 年 1 月 29 日起决定禁止学生带手机入校,一些学校甚至安装金属探测器来检查学生是否携带手机。

与此同时,8 名家长和 1 个家长团体以担心孩子在上学、放学路上的安全为由对纽约市的公立学校提起诉讼。由于家长们的不懈努力,2015 年 1 月 7 日纽约中小学"禁止学生带手机入校"的规定被废除。

事物是复杂的,从不同的角度来看矛盾的主次方面不尽相同。利弊是一个相对的概念,它随主体和角度的转变而转变,这就需要我们端正立场,从事物自身的规律和是非曲直去判断,不能仅仅从自身的立场和角度来权衡。

课堂上利用学生身边生活作为案例,能使深奥的哲理通俗化,又能增添课堂情趣,并能帮助学生运用正确的哲理来指导自己的生活和实践。同时,也让学生明白,人们对问题的高明认识、解决问题的巧妙方法,都和一定的哲学智慧联系在一起,哲学是指导人们生活得更好的一门艺术,从而使学生走进哲学,自觉追求智慧,真正从哲学中去懂得生活,从生活中去感悟哲理。

二、选经典故事,明晰哲理,培养思辨性

《生活与哲学》教材中有许许多多的故事,平时教师注意收集储备经典而又富有哲理的故事,可以激发学生学习的兴趣,帮助学生克服对哲学的畏惧,引导学生积极主动去思考和追问,最终实现知识的深化和情感、态度、价值观的升华。

案例三:在学习"矛盾具有特殊性"时,我选用了古希腊青年尤苏戴莫斯和智者苏格拉底"关于欺骗、盗窃之类是否是正义的"的一段经典对话进行探讨。

让两位同学分角色扮演尤苏戴莫斯和苏格拉底。一次,青年尤苏戴莫斯告诉智者苏格拉底,像欺骗、盗窃之类都是不正义的。于是,他们之间展开了一场辩论。

苏:"如果他在作战期间欺骗敌人,怎么样呢?"

尤:"这应该是正义的。不过我说的却是我们的朋友。"

苏:"一个将领看到他的军队士气消沉就欺骗说,援军就要来了,因此制止了士气的消沉,我们应该把这种欺骗放在哪边呢?"

尤:"我看应该放在正义的一边。"

苏:"又如一个孩子生病了需要服药,却不肯服,父亲就欺骗他这东西很好吃。由于用了欺骗的方法,竟使儿子恢复了健康,这种欺骗的行为又应该放在哪一边呢?"

尤:"我看也应该放在正义一边。"

苏:"又如,一个人因为朋友意志沮丧,怕他自杀,把他的刀剑一类的东西偷去或拿去,这种行为应该放在哪一边呢?"

尤:"当然也应该放在正义一边。"

苏:"这就是说,就连对于朋友也不是在无论什么情况下都应该坦率行事的?"

尤:"的确不是,如果您准许的话,我宁愿收回我已经说过的。"

苏格拉底运用他擅长的"精神助产术",反复启发诱导,帮助尤苏戴莫斯全面认识问题。告诉我们每个事物都有其矛盾的特殊性,要对事物作具体分析,进而找到解决问题的正确方法,这就是具体问题具体分析。

老师继续追问,具体问题具体分析有何意义?选取《红楼梦》"金陵十二钗"其中的4个让学生欣赏。

娴静似娇花照水,行动如弱柳扶风,心较比干多一窍,病如西子胜三分。——林黛玉

品格端方,容貌丰美。罕言寡语,人谓藏愚;安分随机,自云守拙。——薛宝钗

心比天高,身为下贱,风流灵巧招人怨。寿夭多因诽谤生,多情公子空牵念。——晴雯

枉自温柔和顺,空云似桂如兰,堪羡优伶有福,谁知公子无缘。——袭人

师问:同样是描写贵族小姐,在曹雪芹的笔下,个个栩栩如生,个性鲜明,只一两句诗就可以把她们鲜明地区分开来。为什么？说明了具体问题具体分析是人们正确认识事物的基础(把不同质的事物区分开来,即"认识世界")。一部《红楼梦》,可谓中国历代文学作品中描写人物的典范,也是中国古典小说的巅峰之作。正是因为作者抓住了每个人物身上最典型的个性特征,也就是事物矛盾的特殊性,做到了具体问题具体分析,使得我们能够正确地认识事物。

案例四:为了说明具体问题具体分析是解决矛盾的关键,我选用了经典案例"西邻用人"。

有一个寓言故事:西邻家有五个儿子,一个质朴,一个聪明,另外三个,一瞎一驼一跛。按常理,这种家庭应该日子不好过。但是,西邻善于因人制宜,扬长避短,他让质朴的儿子务农,聪明的儿子经商,失明的儿子按摩,驼背的儿子搓绳,脚跛的儿子纺线。结果,全家人各尽所长,安居乐业。西邻善于因人制宜,用人如器,各取所长,通过具体分析五个孩子的特点,具体问题具体分析,把握事物的特殊性,找到解决问题的方法,全家安居乐业。

案例五:在学习"主要矛盾和次要矛盾的关系"时,我选用了"索尼彩电推售绝招"的经典案例。

日本索尼公司的彩色电视机早已享誉全球,但20世纪70年代中期,在美国它还是一种名不见经传、受人歧视的"杂牌货"。而最后令它起死回生的是公司总裁卯木肇从牛身上悟出的一条推销绝招。

一天,卯木肇偶然经过一处牧场。当时夕阳西下,百鸟归巢,一位稚气的牧童牵着一头雄壮的大公牛走进牛栏。公牛的脖子上系着一个铃铛,叮当叮当地响着,一大群牛跟在这头公牛屁股后面,温驯地鱼贯而入。卯木肇先生看着看着,忽然大叫一声"有了"。原来卯木肇先生触景生情,灵感突发,悟出一

种推销索尼彩电的办法:眼前这一群庞然大物规规矩矩地被一个牧童驯服,是因为牧童牵着一只"带头牛"。索尼彩电要是能找到一家"带头牛"商店率先销售,不是很快会打开销路吗?

经过研究,卯木肇先生选定当地最大的电器销售店马希利尔公司作为主攻对象,终于挤进芝加哥市,找到了自己的"带头牛"商店。当时正值12月初,是美国市场家用电器销售旺季,经过一个圣诞节,一个月竟卖出700余台。

有马希利尔公司这一"带头牛"开了路,芝加哥地区100多家商店纷纷要求经销索尼彩电。不到3年,索尼彩电在芝加哥地区的市场占有率达到30%,在美国其他城市的销售局面也打开了。

复杂事物在发展过程中所包含的许多矛盾,其地位和作用是不平衡的。主要矛盾处于支配地位,对事物的发展过程起决定作用,要求我们在解决问题时要善于抓住重点,集中力量解决主要矛盾。日本索尼公司总裁卯木肇正是从"带头牛"身上悟出的一条推销绝招——抓主要矛盾,寻找打开家电销路的"带头牛",选定当地最大的电器销售店马希利尔公司作为主攻对象,这样许多问题迎刃而解,这是一种处世的哲学、生活的智慧。

三、选热点事件,映射哲理,突出时代性

时事热点是当前国内外发生的新鲜的、引人注目的且具有重大意义的事件,在高中政治教学中占据着非常重要的地位。时事教学是对高中政治教学内容的有效补充,对提高学生的思想觉悟、政治修养和促进学生的全面发展具有重要意义。

案例六:在学习"矛盾的普遍性和特殊性"时,我选用时政热点"人民币加入特别提款权货币篮子"进行教学探究。

2015年11月30日,国际货币基金组织宣布批准人民币加入特别提款权(SDR)货币篮子。人民币成为继美元、欧元、英镑和日元之后加入(SDR)货币篮子的第五种货币。

SDR,亦称"纸黄金",最早发行于1969年,是国际货币基金组织根据会员国认缴的份额分配的,可用于偿还国际货币基金组织债务、弥补会员国政府之间国际收支逆差的一种账面资产。

2016年10月1日,中国人民银行发文称,人民币纳入SDR是人民币国际化的里程碑,是对中国经济发展成就和金融业改革开放成果的肯定,有助于增强SDR的代表性、稳定性和吸引力,也有利于国际货币体系改革向前推进。

中方将以人民币入篮为契机,在保持中国特色的货币政策下,进一步深化金融改革,扩大金融开放,为促进全球经济增长、维护全球金融稳定和完善全球经济治理作出积极贡献。

矛盾的普遍性和特殊性的关系是矛盾的共性和个性的关系,普遍性寓于特殊性中,并通过特殊性表现出来,特殊性离不开普遍性,这就要求我们坚持共性与个性的具体的历史的统一。人民币正式"入篮"后,加快了人民币的国际化进程,有利于保持人民币币值的稳定,但我国的货币政策框架必须保持中国特色,同时更加紧密地和国际接轨。它的透明度、它的沟通、信息传播、预期的管理将更加和国际接轨,坚持矛盾共性与个性的统一。

案例七:在学习"矛盾的普遍性"时,我选用时政热点"赏中华诗词寻文化基因"。

2016年4月15日晚上,《中国诗词大会》第一季总决赛落下帷幕。当晚安徽霍山县19岁女大学生殷怡航在"诗词大会"总共10场比赛中第一次亮相,却以绝对优势出其不意地击败了4位实力悍将,又成功战胜了守擂擂主,拿下了全国总冠军,堪称本次大赛最大的"黑马"。同《汉字听写大会》一样,2016年的《中国诗词大会》因其新颖的赛式,深刻的文化内涵而圈粉无数。《中国诗词大会》是中央电视台继《中国汉字听写大会》《中国成语大会》《中国谜语大会》之后,由中央电视台科教频道(CCTV-10)自主研发的一档大型演播室文化益智节目。

矛盾存在于一切事物中,矛盾贯穿每一事物发展过程的始终,即事事有矛盾,时时有矛盾。在任何时候,对任何事物,我们都要承认矛盾,分析矛盾,勇于揭露矛盾,积极寻找正确的方法解决矛盾。当下,所谓"非主流语言"成了孩子们热捧的新人类词汇。这些"非主流语言"虽然富有趣味却偏离了中华文字的本源,不利于优秀传统文化的传承和发展。面对这一矛盾的现实,我们不是抱怨回避,而应分析矛盾出现的缘由,积极寻找正确的方法解决这一问题。央视黄金强档推出《中国诗词大会》,带动全民重温那些曾经学过的古诗词,提高对诗词语言特殊性的认识,加强诗词语言的学习与修养,分享诗词之美,感受诗词之趣,从古人的智慧和情怀中汲取营养,涵养心灵。各学校把课堂作为弘扬传统文化的主阵地,加大古诗文在教材中的使用,是对学生进行情感态度价值观的最好的熏陶,是倡导先进文化的践行,有助于传统文化的传承、发展与创新以及提升学生的文化素养。

四、选精巧案例,学以致用,培养综合性

学习的本真在于应用。通过对唯物辩证法的实质和核心的学习,学生们不知理解得咋样。现举一例,和学生一起探究。

案例八:在学完《唯物辩证法的实质和核心》后,我选用"1+1=4的财富人生"为素材进行探究。

20世纪50年代,一位名叫桑迪的美国穷小子在纽约郊外的杰斐逊港镇上,与一位叫琼的姑娘结了婚。结婚后,他们的所有财产只是妻子的3500美元陪嫁。一段时间内,他的薪水甚至无法同时支付牛奶费和购买婴儿尿布。后来,妻子把陪嫁钱拿出来,让他在镇上开一家生牛屠宰作坊,专卖牛肉。

小镇上还有一家牛排餐厅,那里的生意非常好,每天都能为桑迪的牛肉作坊销掉不少牛肉,再加上外地的订货,桑迪渐渐有了一些多余的钱。但是好景不长,没过多久,牛排餐厅因为内部管理和经营策略上出现问题,生意越做越差,餐厅老板不想再经营面临倒闭的餐厅了,他希望有人能够买走餐厅。因为餐厅的生意不好,没有人愿意出价盘下这个烫手的山芋。

发愁的人其实还不止餐厅老板,因为餐厅的生意下降在无形当中也减少了桑迪的牛排销售量。最后,桑迪经过仔细考虑后做出了一个很惊人的决定:买下那家餐厅!

他的妻子不解地说:"你疯了吗? 买下那家即将倒闭的餐厅? 它能为你带来利益吗?""能! 而且买下它以后,我们所拥有的价值就不是1+1=2了!"桑迪用确定的口气说。"真是荒唐! 1+1难道会等于3?"他的妻子说。

"确实不是等于3,而应该是等于4!"桑迪回答。

几天以后,桑迪在妻子的担忧中用他们的全部积蓄——5000美元买下了那家餐厅。他对餐厅的经营做了一系列大胆而富有创新的改革,并且还聘请了最好的厨师来做牛排,渐渐地,餐厅的生意开始好转。餐厅的生意好了,牛排的销售量自然就增加了。一年之后,桑迪成了全镇屈指可数的富人。这时,桑迪对他的妻子说出了"1+1=4"的逻辑:原有的一家作坊加上一家餐厅,表面上看是"1+1=2",但是我们经营餐厅在牛排的原材料上省去了一笔开支,节省下的成本实际上就是一种利润,这就使1+1等于3了。至于牛排卖给自己的餐厅,表面上看是收不到钱,但却是一个非常固定的销售点,再也不需要为如何才能保住这个销售点而费脑筋了,而这省下来的精力,又可以用在开拓另外的牛排市场和餐厅的经营上,这又是一种无形却又十分巨大的财富,这样一来,1+1就成为了4!

经过几年的商场打拼之后,桑迪在不断的成长中发现自己对诸如此类的资本运作特别有天赋,于是在1960年毅然卖掉了他的屠宰作坊和牛排餐厅,到纽约成立了一家西尔森证券经纪公司,在随后的数十年里,用"1+1=4"的理念运作了一连串并购和整合,而他所拥有的商业信贷公司在1992年更名为旅行者集团。1996年,凭借213亿美元的年收益和23亿美元利润,旅行者集团跻身"财富500强"前40强。1998年他又与花旗银行合并建立全球最大的金融公司——花旗集团,桑迪一人统领这家旗下有27万名员工的大企业。

没错,他就是连续多年被纽约证券交易所评为"最佳CEO"并且素有"资本之王"称号的桑迪·威尔。美国《财富》杂志曾为他写了一篇《不可多得的管理者》的文章,里面有一句话是对桑迪·威尔最巧妙而形象的概括:"1+1=4的财富人生!"

看完这则故事,我们能想到哪些唯物辩证法的矛盾观哲理呢?

唯物辩证法认为:

(1) 世界上一切事物都包含既相互对立,又相互统一的两个方面。这两个方面相互依赖,相互贯通,在一定条件下相互转化。牛排餐厅老板桑迪在妻子的担忧中用他们的全部积蓄买下了那家倒闭餐厅。他对餐厅的经营做了一系列大胆而富有创新的改革,并且还聘请了最好的厨师来做牛排,渐渐地,餐厅的生意开始好转。餐厅的生意好了,牛排的销售量自然就增加了。一年之后,桑迪成了全镇屈指可数的富人。正是桑迪看到矛盾双方在一定条件下可以相互转化,不气馁,对餐厅经营进行了富有创新的改革,最终转危为安,实现了盈利。

(2) 矛盾具有普遍性,矛盾存在于一切事物中,矛盾贯穿每一事物发展过程的始终。这要求我们在任何时候,对待任何事物,都要承认矛盾,分析矛盾,勇于揭露矛盾,积极寻找正确的方法解决矛盾。只有这样我们才能在商海中扬帆远航,才能历经风雨,又见彩虹。小镇上还有一家牛排餐厅由于内部管理和经营策略上出现问题,生意越做越差,面临倒闭。他采取的方法是回避矛盾,希望谁把它买走。同样发愁的人还有桑迪,他的牛排销售量大受影响,但桑迪采取了截然相反的方法,经过仔细考虑后做出了一个很惊人的决定:买下那家餐厅!正是承认矛盾的普遍性,并积极寻找正确的方法解决矛盾,所以他非常明智地做出了一个决定,从而使得"餐厅的生意好了,牛排的销量自然而然就增加了",为自己的成功奠定了基础。

(3) 矛盾具有特殊性,矛盾着的事物及其每一个侧面各有其特点,这要求我们坚持具体问题具体分析。毛泽东曾说,不同质的矛盾,只有用不同质的方法才能解决。离开了具体的分析,就不能认识任何矛盾的特性。我们必须时刻记得列宁的话:对于具体的事物作具体的分析。具体问题具体分析是正确认识事物的基础,是正确解决矛盾的关键。正是由于桑迪对小镇情况的具体分析,发现镇上有一家牛排餐厅,那里的生意非常好,每天都需要不少的牛肉,再加上外地的订货,桑迪决定开一家生牛屠宰作坊,专卖牛肉,结果桑迪渐渐有了一些多余的钱,解决了生活窘迫的境况。

(4) 矛盾的普遍性和特殊性的关系,也就是矛盾的共性和个性、一般和个别的关系。普遍性寓于特殊性之中,并通过特殊性表现出来。特殊性离不开普遍性,世界上的任何事物无论怎样特殊,它总是在特殊性中包含着普遍性。经过几年的商场打拼之后,桑迪发现了经商中的普遍规律,在不断的成长中发现自己对诸如此类的资本运作特别有天赋,于是在1960年毅然卖掉了他的屠宰作坊和牛排餐厅,到纽约成立了一家西尔森证券经纪公司,在随后的数十年里,用"1+1=4"的理念运作了一连串并购和整合,成为跻身全球"财富500强"的前40强。正是运用"1+1=4的财富人生!"哲理,成就了人生的辉煌。

(5) 在复杂事物的发展过程中,存在着许多矛盾,其中有一种矛盾,它的存在和发展决定和影响着其他矛盾的存在和发展,这个矛盾是主要矛盾,这要求我们在解决问题时要抓住主要矛盾,抓重点,两点是有重点的两点,"牵牛要牵牛鼻子","好钢用在刀刃上"。牛排餐厅经营失败,桑迪注意到自己的牛排销量下降,于是他变革观念,抓住解决问题的关键,在妻子不解和担忧中,决定买下倒闭的餐厅。一年之后,桑迪成了全镇屈指可数的富人。桑迪不满足于生意的好转,用自己在经商上的"天赋",抓住当时美国经济发展的主要矛盾,到纽约成立了一家西尔森证券经纪公司,并在随后的数十年,继续开拓进取,1998年他又与花旗银行合并建立全球最大的金融公司——花旗集团,桑迪一人统领这家旗下有27万名员工的大企业。

这些鲜活的经典的有趣的事例,能让学生体会到哲学智慧。"课堂无小事,事事能育人",这句话用来形容我们高中思想政治课教学是非常贴切的,在课堂教学中特别强调情感、态度、价值观的培养。这些我们无法像具体科学知识一样通过讲解、演示、作业等方式直接"教"给学生,而必须通过学生对老师精心选择的案例体验感悟、养成态度、内化成价值观。我们不能苛求每一个教学过程都会完整地体现情感、态度、价值观目标的达成,但我们一定要通过案例教学法的探索,化繁为简,化抽象为具体,在教学过程中精选每一个案例,去渗透"大教育观",达到"春风化雨,润物无声"的效果。

案例思考题

(1) 分析该案例中体现的教学思想和教学理念。

(2) 结合教学实践,谈谈如何在教学改革中提高高中政治课堂教学的实效性。

(3) 如果让你来设计《唯物辩证法的实质和核心》,你还会选择哪些教学案例帮助学生理解?

(4) 在教学改革中,除了案例教学法外,还可以有哪些教学尝试?请结合案例加以说明。

案例使用说明

1. 适用范围

适用对象:师范院校思想政治教育专业的学生,高中思想政治课教师。

适合课程:教学改革理论与实践,案例教学法,马克思主义哲学等。

2. 教学目的

(1) 了解在新一轮高考改革背景下,高中政治如何推进有效教学,激发学生学习兴趣。

(2) 掌握教学改革的相关理论与知识,特别是案例教学法的基本方法和要求,如生活化、思辨性、时代性等。

(3) 培养学员从微观角度看待案例教学在高中政治教学改革中的尝试,能对新一轮教学改革的主体、主导、路径、方法等内容有思考,提高学员关注生活,关注经典,关注热点等的敏锐性。

(4) 通过对传统教学法和案例教学法的比较,形成课堂教学改革的正确态度,引导学员形成教学改革多种可能性的理念,从而成为一名有思想的教师。

3. 要点提示

(1) 相关理论

建构主义理论:认为学习并非学生对于老师所授知识的被动接受,而是根据已有的知识和经验所作的主动建构,而这种构建必须对问题有深入的认识。由于马克思主义哲学本身的抽象,这就需要教师在教学过程中借助于学生熟悉的案例进行交流以及自己的反思,从而达到对知识的主动建构。

人本主义理论:人本主义心理学强调学习过程中人的因素,把学习者视为学习活动的主体,重视学习者的意愿、情感、需要和价值观。通过案例教学,把深奥的哲学道理寓于浅显的事例中遵循了"以人为本"的教学原则,迎合了教学改革的新要求,对于发挥学生的主体作用,发展学生的自主性和探究能力有着积极意义。

学生发展理论:认识学生的成长需要与可能。

教师发展理论:教师发展愿景,教师发展共同体,群体积极交往心理。

教育法治理论:民主治理,多元对话,教学改革的创新性和多样化。

(2) 关键知识点

教学改革,案例教学,生活化,思辨性,时代性

(3) 关键能力点

伴随着高考改革,如何有效推进教学改革,提高课堂教学效率,激发学生爱上政治课。对马克思主义哲学基本原理基本概念的理解能力。透过抽象的理论知识如何有效精选案例的能力。以案例教学法为思路研究教学改革和发展的能力。

(4) 案例分析思路

以高中政治必修4《生活与哲学》第9课《唯物辩证法的实质和核心》为例,对如何选择案例帮助学生理解抽象难懂的哲学道理进行分析,探索在新一轮高考改革下,教学改革的实践和思考,引导学员增强有效教学的紧迫感和时代感。

4. 教学建议

时间安排:大学标准课4节,240分钟。布置和预习1节,上课讨论3节。参见"案例一"。

5. 推荐阅读

[1] 王福强.做一个有思想的教师[M].长春:吉林大学出版社,2010.

[2] 郭元祥.教师的20项修炼[M].上海:华东师范大学出版社,2008.

[3] 赵国忠.教师最需要什么——中外教育家给教师最有价值的建议[M].南京:江苏人民出版社,2008.

[4] 冯卫东.情境教学操作全手册[M].南京:江苏人民出版社,2010.

[5] 王恒富.创建有取舍的思想政治课堂[J].中学政治教学参考,上旬,2014(10).

案例六

主线式教学情境的设计与应用

摘　要： Y市F中学政治教研组,是一个极具探索精神与研究意识的教学共同体,新课程改革以来,他们在优化教学设计、转变教学方式等方面,做了许多探索与尝试。近年来,Y市在中小学大力推进"让学引思"教学行动,F中学的政治教研组在Y市学科带头人、教学名师Z老师的带领下,积极寻求"让学引思"的校本化、学科化的实践路径,取得了丰硕的研究成果,特别是以创设主线式教学情境来优化教学设计方面,成效显著。主线式教学情境有何特点？主线式教学情境对提高课堂教学实效有何价值与意义？如何设计主线式教学情境？在不断地研究与探索中,F中学政治组的老师有了越来越深刻的认识。

关键词： 主线式教学情境　"让学引思"　设计与应用

背景信息

一、主线式教学情境设计与应用的背景

随着新课程改革的不断深化,切实转变教学方式,把学习的主动权还给学生,使学生获得终身发展必备的核心素养,促进学生主动发展的理念越来越深入人心。近年来,为了构建主动发展的课堂教学生态,Y市在全市中小学开展"让学引思"课堂教学改革行动。所谓"让学"就是让学生亲身经历学习过程,在时间和空间上保证学生学习活动正常展开和学习行为的真实发生。要切合学生实际创设具体的学习情境,让学生通过阅读、讨论、操作以及完成真实情境中的任务等活动学会自主学习、协作学习和探究学习。要帮助学生养成良好的学习习惯,掌握科学的学习方法,保持积极的学习状态,掌握充分的自主学习资源,主动参与学习活动的设计与实施。"引思"就是引发、引导、引领学生思考,在形式和本质上保证学生大脑处于积极的思维状态。要贴近学生认知水平,设计科学、合理、有价值的具体问题,引导学生研究问题、分析问题、解

决问题,通过体验、建构及内化等过程形成相对稳定的思维方法和价值观。要指导学生在系统的学科学习中,养成思考习惯,增强思维品质,提升思想境界。"让学"与"引思"是辩证统一的整体。这就要求教师要在"让"与"引"上多研究,做到能让会引,确保让引并重;学生要在"学"与"思"上下功夫,做到善学真思,确保学思结合。在具体的教学过程中,要把"让学"与"引思"有机整合起来,"让学"要让得有度,让得到位;"引思"要引得得法,引得充分。创设情境是做好"让学引思"的一项重要工作,什么样的情境,能较好地起到"让学引思"的作用? 这些问题激起了 Y 市 F 中学政治教研组老师的研究兴趣。

F 中学是一所市局直属三星级完全中学,新课程改革虽已推行多年,但因生源质量不高,学生的自我要求和家长对学生的期望值双低,学生厌学现象较为普遍,因此,教学质量长期在低位徘徊。问题在学生,根子在老师,因此,学校领导层希望借着全市"让学引思"的东风,以教研组为单位组成课题攻坚小组,从优化教学设计入手,全力深化教学改革。F 中学政治教研组老师们在政治学科带头人、教学名师 Z 老师的带领下,决定以优化思想政治课教学情境的设计,开展教学行动研究,以期形成校本化、学科化的"让学引思"的教改成果。

二、主线式教学情境的内涵与理论依据

所谓主线式教学情境,是指以某一人或事为主线,创设的一个主题鲜明的情境或相互关联的情境串。主线式教学情境具有教学情境的共性,又有自己的鲜明特点。突出表现在三个方面:第一,情境有主线并贯穿课堂教学始终;第二,理论观点寓于情境之中,情境展开的进度与理论教学同步;第三,随情境变化逐步呈现问题,不断将学生的思维引向深入。主线式情境设计作为中学一线政治教师的原创智慧,是一种创新性的教学设计,它因寓理于境,情理交融,理趣兼备,切合当下新课改的要求而广受青睐,有着鲜明的草根性和强大的生命力。加强对主线式教学情境的研究,在实践中不断优化和完善其设计,不仅能够有效解决 F 校政治课堂存在的缺情少趣,形散神涣,效果不佳等问题,而且可以为深受同类问题困扰的其他中学的政治教师,深化课堂教学改革提供可选择的新思路和新模式,具有很强的针对性和现实意义。

设计与应用主线式教学情境有着丰富的理论基础。首先是建构主义学习理论。建构主义认为知识不是通过教师传授得到的,而是学习者在一定的情境下,借助其他人的帮助,利用必要的学习资料,通过意义建构的方式获得的。建构主义强调学习的主动性、社会性和情境性,倡导情境教学。其次是情境学习理论。情境学习理论包括心理学情境论和人类学情境论。心理学情境论认为教学不能离开情境,情境不是学习的手段,而是学习整体的有机组成部分,情境决定了学习的内容与性质。人类学情境论则认为,知识是人与社会、物理情境之间联系的属性和互动的产物。两者都强调要在情境中建构知识,进行学习。还有"教学过程最优化"理论。苏联教育家巴班斯基认为,教学过程的最优化是指在一定的教学条件下寻求合理的教学方案,使教师和学生花最少的时间和精力获得最好的教学效果,使学生获得最好的发展。巴班斯基将最优化分为"总体最优化"和"局部最优化"。教师不仅要重视局部更要重视整体,当然局部的优化是总体优化的前提。情境作为教学中一个不可缺少的要素,如何在整个教学整体中发挥最佳作用,是教师必须思考并付诸实践的重要问题。主线式教学情境的一个重要特征,在于它的整体性和全息性,整体性表现在主题鲜明、故事或事件相对完整,全息性体现在一个情境,蕴含了一个框题的所有教学内容和问题,因而,应用主线式教学情境,让学生的思维聚集为一点,看得更全、剖得更深、析得更透,对于提升学生的思维品质和核心素养有着一般情境无可比拟的优势。

三、Y市F中学政治教研组有关主线式情境设计的研究情况

Y市F中学政治教研组,共有高中政治教师5人,初中3人,全部为本科学历,其中高级教师3人,市名教师1人,教学能手4人,教坛新秀1人。该组是一个极具探索精神与研究意识的教学共同体,新课程改革以来,他们在优化教学设计、转变教学方式等方面,做了许多探索与尝试。近年来,Y市在中小学大力推进"让学引思"教学行动,F中学的政治教研组在Y市学科带头人、教学名师Z老师的带领下,积极寻求"让学引思"的校本化、学科化的实践路径,取得了丰硕的研究成果,特别是以创设主线式教学情境来优化教学设计方面成效显著,形成了较为系统的认识。

Y市F中学政治教研组的老师认为,一个好的主线式思想政治教学情境应该具备以下特点:

一是真实性与结构性并存。思想政治教学的目标在于培育学生的核心素养,而核心素养是一种应对现实生活挑战的能力,培养学生的核心素养就不能脱离现实生活,而是应该依托现实生活情境,让学生在与情境的持续互动中理解学科知识,掌握学科技能,运用这些知识和技能分析、解释、解决生活实践中的问题。生活本身是丰富多彩的,为了提高教学实效,老师不能把生活原原本本地照搬到课堂,而是要根据教学任务和目标,对真实生活情境进行加工,要

求情境源于现实生活,并非拒绝情境的虚构,而是要求这种虚构的情境应该有现实的基础与合理性。

二是典型性和普遍性兼具。核心素养所强调的"核心性""关键性""必备性",意味着这种能力和品格在生活中是应对具有典型性和普遍性的现实问题的。因此,教师应当根据未来社会发展和个人终生发展的需要,从纷繁复杂的社会生活中筛选出与本课程有关的典型情境、普遍情境,让学生在这种情境中发展能力和品格。

三是启发性和思考性结合。好的情境应该富有思想张力,在这种情境中蕴含着价值问题,期待学生从多个视角去发现、探究它。借助这种深入深思的情境,学生可以更快地领略世界的意义和背后的运行法则,更好地掌握分析问题、解决问题的核心能力,奠定终身学习、持续发展的基础。

四是问题性和趣味性共有。问题及解决条件是内生于情境的。问题应由材料引发出来,从情境中能够得出期望的结论,情境中蕴含着解决问题的充分的信息支持。好的教学应该充分激发学生的学习兴趣。迈向核心素养的学习的第一步就看情境本身是不是能够吸引学生的关注。一旦学生被情境所吸引,他就会开始一步步走向情境世界,去思考、去发现、去探寻。只有他沉浸到了情境世界,学习兴趣的激发才能转移到问题本身的思考魅力上来。

五是开放性与封闭性相宜。真实的现代社会是开放社会。要应对开放社会和未来不确定性的挑战,要发展学生的创新实践能力,就应该摒弃过去那种追求唯一正确答案的情境,要在开放的情境中鼓励学生独立思考,训练与发展学生多角度分析、解决问题的能力。但是,教学作为一种特定的实践活动,情境又不能过于开放,过于开放的情境不利于有针对性、锚定式地训练和评价学生的某一项学科核心素养,也不利于教学效果评价的客观性,因而教学及情境应该有适度的封闭性。其实,教学艺术的重要表现之一就是老师能否根据相关教学要求设计出开放性与封闭性两相宜的情境。

情境设计的过程也是一个创作过程,对教者的专业素质和文学素养都有较高的要求。首先,教师对教材的知识体系要有明晰的把握,对学生的已有经验要有全面的了解;其次,教师对相关的时政背景要有敏锐的感知,对生活中的真实素材有相当的积累。最为重要的是,教者还要具备有一定的创作能力。只有这样,才能实现教材文本与真实生活的对接,抽象理论与生动故事的相融,从而创作出理趣兼备的鲜活情境。

经过近两年的探索与实践,目前已形成了一系列主线式情境设计的课例。以下是该组 Z 老师、L 老师和 W 老师设计的三种不同类型的主线式情境。

案例正文

一、Z老师的《征税与纳税》教学情境设计(故事类)

老王的故事

【故事人物简介】老王,初中学历,现年40岁,原是某建材厂打工仔,现为某建材公司老板,资深彩民;儿子小明在某校高一年级就读;妻子是家庭主妇。

【小明的疑惑】十年前,老王买彩票,中得大奖50万!老王高兴地带着儿子去领奖,小明发现,爸爸只领到40万元。还有10万元哪里去了呢?

你知道吗?请给小明作个解释。

——引出税收的含义

【妻子的抱怨】老王的妻子得知情况,嘀咕开了:"这是咱们的钱,凭什么不经过咱们同意就扣了呀?!10万呢!存到银行光利息就不少呢!交给国家,连个响声都没听见!买菜还兴还个价呢,咱家又不富裕,怎么就不能少扣点?"

1. 老王的妻子说得有道理吗?为什么?

——引出税收的基本特征

2. 那10万元交的什么税?你了解该税种吗?你还了解哪些税种?

——引出个人所得税、增值税等主要税种

【老王的选择】有了中奖的第一桶金,老王不再替人打工,与人合伙在镇上开了个建材有限公司,凭着打工积累的经验与吃苦耐劳的精神,老王的生意做得风生水起!每月光上交的增值税就有4 000多元,老话说得好:"勤是摇钱树,劳是聚宝盆"啊!可是好景不长,前两年,老王又遇上了烦心事。由于楼市不景气,建材销路不畅,公司资金周转出现了困难。怎么办呢?看着整日愁眉不展的老王,妻子忍不住支了个招:"咱想办法少缴点税不就行了嘛!"老王觉得有理,于是赶紧召集手下人,召开"智囊团会议"请大伙出出主意。会上,大家争相献计献策。

老张说:这好办!让会计做两本账,一本内部账,一部外部账,在外部账上少报些收入,不就可少交些税了。

老李说,我看不如多弄些残疾证,增加些有残疾的工人名单,这样,不就可以名正言顺地享受税收优惠政策了嘛!

小陈说:先拖着呗,千年不赖,万年不交,他们能把咱怎么地!

大刘说:对,就这么着!税务局要来人,交给我们保卫科,把他们轰走

得了!

老王权衡再三,采纳了老李的意见,不久被人举报,老王受到了司法部门的处罚。妻子后悔不已:"都怪我出的馊主意!唉!要是国家不收税该多好啊!"

1. 如果你是老王会采纳谁的意见?为什么?

——引出偷税、骗税、欠税、抗税等涉税违法行为,以及依法纳税是公民的基本义务。

2. 老王妻子"天下无税"的愿望能实现吗?为什么?

——引出我国税收的性质和作用

【老王的顾虑】2011年起国家进行税制改革,提高了个人所得税、营业税和增值税的起征点,试行营业税改增值税,并对小微企业实现税费减免政策,老王的公司减轻了资金压力,重新焕发了生机,经过这次沉浮老王转变了观念,决心做个依法诚信纳税的好公民。但心中又有了这样的顾虑:我们缴纳的税款能不能财尽其用,真正为老百姓服务呢?

1. 国家实行税制改革有何意义?

——强化我国税收的性质是"取之于民,用之于民"

2. 谁能打消老王的顾虑?

——引出公民要增强纳税人意识。

Z老师的设计说明及自我反思:《征税与纳税》是高中思想政治必修1《经济生活》第三单元第八课第二框的内容。知识点多、专业性强,且离学生生活较远。根据教材内容和教学目标,我精心创作了一个源于生活又高于生活的《老王的故事》。故事共分四节:第一节,小明的困惑。由此引出税收的含义和种类。第二节,妻子的抱怨。从中归纳出税收的基本特征。第三节,老王的选择。引发了有关涉税违法行为的探讨。第四节,老王的顾虑。揭示了依法纳税是公民的基本义务,以及增强纳税人意识的必要性。全课以一个人物老王的故事为主线,贯穿始终,随着故事情节的进展,逐步呈现问题,不断将学生的思维引向深入。主人翁老王的身份、经历和家庭,与大多数学生的家庭相似,基于学生生活经验的人物让他们似曾相识,备感亲切,同时颇具戏剧性又不失真实性的故事情节,引人入胜,点燃了学生的兴趣点,吸引了学生的关注与思考,收到了较好的激趣、启思的效果。

认知冲突是引起学生探究的动力源。所以,要引导学生参与探究学习,要充分利用和发掘教材以及学生活动中的矛盾因素,把学生置于矛盾氛围,从而激起认知冲突使学生产生解决矛盾的迫切需要。在本课的教学中,我发现税收的三个基本特征的具体内涵和学生对"无偿""强制"及"固定"这三个词的既有理解是不一样的,涉税违法行为中的偷税和骗税是极易混的,因此首先创设了"妻子的抱怨"这个易引起学生共鸣的情境来制造认知冲突,在具体分析税收的三个基本特征和涉税违法行为时,又通过"所谓无偿性就是没有任何补偿""强制性就是强迫纳税人依法纳税""固定性就是一经确定,永不再变""偷税和骗税,都是运用欺骗的手段,因而两者没有本质的区别"这些学生根据已有认知经验极易导出的错误观念来设问、追问,使学生始终处于一个不断发现问题和解决问题的过程之中,从而大大地激发学生参与学习的热情和一探究竟的欲望。

教学情境的创作,既要贴近学生的生活,又要突出时代特征,还要兼备趣味性,符合生活逻辑。创作的过程需要调动多种知识,整合各类资源,对我的综合能力是考验也是提升。当然,情境创作得再好,如果呈现不好,效果也会大打折扣。在创作情境时,我忽略了情境的呈现方式,以致在具体运用时,基本上是以对话方式呈现,不仅单一而且参与度不高,这是我今后需要注意及改进之处。如果每个情节分别用图文、动画、学生小品表演或讲故事的形式来呈现,学生的参与度一定会更高,课堂气氛也会更热烈,学生学习的积极性与效果应该会更好些。

其他老师的评价:Z老师以《老王的故事》为主线,随着故事情节的跌宕起伏,创设不同的教学情境,设置不同的问题及探究活动,一则《老王的故事》,一波三折,将整堂课的学习内容蕴含其中,既激发了学生的学习兴趣,提高了课堂的参与度,又培养了学生发现问题、分析问题和创造性解决问题的能力。同时,它还能增强学生探究的意识,增进师生互动交流,使课堂环节更加紧凑,避免了因信息庞杂淹没教学主题的情况,有利于促进学生形成对知识结构完整而清晰的认识,可谓一举多得。

二、L老师的《用联系的观点看问题》教学情境设计(活动类)

建城堡

【组织活动】游戏:建城堡。将全班分成六个小组,每组发给等量的白纸、彩笔、胶带纸以及剪刀等材料和工具,要求学生在15分钟内建一座城堡。拍下学生活动的录像。

【评价活动】评出获胜的小组,并给予精神奖励。

【剖析活动】围绕活动,提出一系列问题引导学生自主总结本框题知识,构建知识框架,并从亲身实践中提炼方法论。

1. 你和你的团队构成了一种什么关系?

——引出整体和部分的概念

2. 在我们的游戏中,整体和部分的关系有没有体现为过程和阶段的关系?

——明确整体和部分的完整含义

3. 在建城堡的过程中,有没有和队友发生意见分歧?你是怎么处理的?为什么?

——明确整体和部分的地位不同

4. 单独一人,可否在相同的时间里完成相同质量的城堡?为什么?

——明确整体的部分的功能不同

——引导学生归纳要统筹全局,树立全局观念,从整体出发,寻求最优目标

5. 你的团队中哪个人更重要?哪个环节相对重要?为什么?

——明确整体由部分构成,整体离不开部分,部分对整体有重要影响,关键部分甚至起决定作用

6. 团队对你没有影响吗?是如何影响的?

——明确部分离不开整体,整体离不开部分

——重视部分,使整体功能得到最大发挥

7. 回味精彩过程引发问题探讨。假设让我们重新来一次,你觉得需要做哪些改进,会将城堡建得更好?(设计小组活动,讨论并拿出新方案)

——明确整体和部分的关系,一定意义上是系统和要素的关系,并分析得出系统的特征

8. 建城堡的时间有限,和队员如何配合才能在有限的时间取得最好的成绩?

——进一步认识到系统的特征,进而上升到方法论高度,初步认识到系统优化的方法和综合思维的方法

L老师的设计说明及自我反思:"用联系的观点看问题"是人教版高中思想政治必修四《生活与哲学》第三单元第七课第二框的内容。联系观是马克思主义哲学唯物辩证法的总特征之一,联系的观点贯穿了事物运动、变化、发展的全过程,是开启唯物辩证法的钥匙。这一观点还揭示了矛盾内部错综复杂的对立统一关系,为以后学习发展观、矛盾观打下基础,起承上启下的作用。另外,从对人的生活实践来看,联系的观点是人们正确观察、分析和解决问题的理论依据。本框题的学习,有助于学生形成正确的联系观。高二的学生虽

然对生活中的事物之间的表面的联系,有初步的自发的认识,但认识较为肤浅,也不全面,缺乏自觉地运用联系观去观察、分析甚至解决问题的体验,需要教师通过活动还原知识的产生过程,帮助他们在实践中建构知识、生成观点。因此,我设计了"建城堡"这一带有游戏性质的活动情境,通过问题串引导学生对活动细节进行层层剖析,亲历知识的生成过程,从而形成关于联系观的深刻体验和全面认识。

其他老师点评:本情境特点有三:一是以"建城堡"这一全体参与的体验性活动导课,可以让学生动手动口又动脑,有利于激发学生的学习热情;教师对建城堡的成败及时点评与奖励有助于引发学生体验性思考。二是解剖活动细节,巧妙设问引导,利用生成性资源,引发学生的自主探究,较好地发挥了学生的主体性。三是从个人与团队关系切入,辐射整体与部分,挖掘生成性资源,能较好落实教学目标。

三、W老师《矛盾是对立统一》教学情境设计(案例类)

课堂实录

导入新课:"路漫漫其修远兮,吾将上下而求索"。屈原的不懈求索,渗透着深邃的哲学诘问,事物发展的源泉和动力到底是什么呢?本节课我们就通过对矛盾知识的学习,一起探究这个千古难题。

(设计意图:先在学生心中种下疑惑的种子,激发他们通过探究获得知识以及时揭开谜底的渴求和欲望,并作为一条主线统领整节课)

1.【案例设置】以趣激疑,先声夺人

【情境案例】心理学家利用猴子做实验。将两只猴子同时关在笼子里,一只被捆住,不能动,一只可以在笼子里自由活动。实验者每隔20秒对猴子进行一次电击(不致电死),每次放电前笼子里的红灯就会亮起。笼子里有个开关,每当红灯亮起,只要按动开关就可以暂停电击。可以自由活动的那只猴子发现并掌握了这个技能。实验在不间断地进行,结果有一只猴子死了。

【师】请小组讨论,哪只猴子先死(捆或不捆)?理由是什么?

(设计意图:学源于疑,以充满"悬疑"的心理学实验为案例,激发学生的探奇心理。尤其对于文科生来说,自然科学实验或心理学实验具有很强的新奇感和神秘感,让学生的思维一下子进入到另一个有趣、开放、疑问的"世界"。实现以奇、趣激疑,先声夺人,调动情绪和思绪的目的)

2.【案例探究】问题引领,探究剖析

【生】面对新奇的案例和开放性问题,群情激动、思维活跃、各抒己见、争执不下。

【生1】捆的先死,吓死的!

【生2】不捆的先死,累死的!

【生3】不捆的先死,高度紧张而死。

……

(设计意图:先让学生从自身的感性经验出发,大胆猜测得出自己的结论和观点,暂不去评判正常与否,重在保持兴趣热度,引发自主思考,开展小组合作,以起到"投石问路、掀起波澜"之目的)

【师】大家都有自己的想法,最终的答案是什么呢?我们先不说破,待我们一点一点分析后,再揭晓答案。(保持神秘、鼓励开放思维,引领深入探究)

【师】外在诸多因素(笼子、电击等)是猴子致死的决定因素吗?如果不是,其发挥了什么作用?

【生】不是决定因素,应该是外在的作用,但肯定也发挥作用了,这些可都是实验设备或手段啊,要是没用不是白费劲吗?

【师】是外在的条件作用,大家都认可,那内在的致死的原因是什么呢?

【生】学生七嘴八舌,但较统一的意见是认为猴子的生理和心理出了问题。

【师】大家说的有道理,之所以有猴子死了,肯定是生理机能衰竭,而导致出现生理问题的原因肯定是猴子的情绪和心理变化。我们下面就把猴子的情绪和心理作为研究对象加以研究和分析。在整个实验过程中,猴子的心理和情绪一直存在什么样的波动和对立面。

【生】紧张、害怕、焦虑与平和、淡定、从容……

【师】大家说得很好,这些情绪是对立的,又都存在于猴子心里。请由此概括哲学范畴的矛盾的内涵。

【生】依据导学案、课本,主动思考,积极回答。

【师】你能在经济生活中再找到几对具体矛盾吗?

【生】使用价值与价值;公有制与非公有制;生产与消费;计划与市场;引进来与走出去……

【师】这里我们要注意,矛盾双方的对立统一是在"统一体"中,如果没有"统一体"的存在,就构不成相互吸引、相互排斥的矛盾关系。比如,正因为有猴子的情绪这个统一体,才有平和与紧张两个矛盾双方的对立统一,才构成矛盾关系。再比如,使用价值与价值的对立统一必须在商品这个"统一体"中。那老师问一下,流行语中有"花样美男"一词,美与男能构成矛盾关系吗?

【生】不能,美与丑是矛盾关系,其统一体是容貌;男与女是矛盾关系,其统一体是性别。

(设计意图:由表及里、由浅入深地引导学生明确外部条件也会对事物变化发展产生作用,但起决定作用的是内在矛盾,并从案例中生成矛盾的概念,以及在经济生活中找到例证,进一步加深对抽象哲学概念的理解,也促进了知识间跨界整合。同时理解哲学范畴的矛盾与具体领域的具体矛盾是共性与个性的关系,更明确了矛盾"统一体"的重要性)

【师】矛盾就是对立统一,斗争性与同一性是矛盾的两种基本属性。猴子情绪中的紧张与平和矛盾双方无条件斗争着,又有条件地同一着。在多次电击后,两个猴子在不同的外部条件作用下,它们各自的情绪(紧张与平和双方)有什么变化?你能用图示演示一下这一过程吗?这个过程都蕴含着什么原理?请小组根据自学讨论探究。

(设计意图:通过设问引导学生探究猴子情绪中的紧张与平和双方是如何变化的,从而理解矛盾同一性的表现这一重点和难点:矛盾双方相互依存、相互贯通,并在一定条件下相互转化;同时,让学生用"图示"演示这一过程,把抽象原理外显化、可视化,可以考查学生是否真正理解了这一抽象原理,更锻炼学生逻辑思维能力、图示建构推演能力)

【生】小组讨论热烈,激情推演、生成知识、解析原理;同时,分工协作,确定执笔人、主讲人。

【生1板书】:

(通电)(多次通电)

捆猴 { 平和→紧张→平和(占主导)
       紧张→平和→紧张(占次要)

　　　(通电)　　　(多次通电)

不捆猴 { 平和(占主导)→紧张(持续占主导)
         紧张(占次要)→平和(持续占次要)

【本组发言人】我认为,是没捆的猴子先死,因为在电击后,其情绪从平和转向紧张后,它就时刻盯着指示灯,时刻处于高度紧张状态从而过度紧张焦虑致死;而捆的猴子因为无法摆脱而逐步适应,心里想,"电就电吧,就当是按摩了"(全班哄笑),反而会由紧张变为平和,所以会活下来。这体现了矛盾双方相互包含、相互渗透,在一定条件下相互转化。

【另一组学生2】我不同意。我认为,在电击下,捆的猴立马从平和转向紧张,多次电击后总想摆脱现状却不能实现,以致高度紧张且无比绝望而死;而没捆的猴子初期也紧张,但毕竟它可以控制,总是存有希望,所以,它不会煞费苦心。这体现了矛盾双方在一定条件下向对立面转化。

……

【师】大家有不同的推论与结论非常好,我们不急于进行评判,先着力看一下大家的思维推理是否正确,对所运用的原理是否理解正确。既然大家都认同矛盾双方在统一体中无条件对立着,也认同二者相互依存、相互渗透。那么,在完成转化后,是否意味着不占主导的一方不存在了?

【生】依然存在于矛盾体中,矛盾双方相互依存,肯定不可能凭空消失了,那就构不成矛盾了。

【师】非常好。那么,矛盾双方在一定条件下向对立面转化,是否意味着矛盾一方变成另一方。大家对黑板上的图示有没有不同的看法?

【生】矛盾双方是对立的,那就是不一样的、排斥的,因此,不可能矛盾一方变成另一方。但确实在转化后,原来占主导的变成次要的了,因此,我们组认为应该是双方的地位(主导与次要)变化了。

【修改图示】

【师】非常棒。矛盾双方在一定条件下向对立面转化,实际上是双方的地位、作用发生了转化,从而使事物的性质发生了改变。所以,不论哪只猴子先死,我们大家分析的思路都是正确的,至于真正的答案我们一会再揭晓。现在,谁来总结一下矛盾双方斗争性的内涵,以及同一性的内涵与表现。

【生】总结概括。

(设计意图:根据学生建构的图示和论证,加以设问和追问,逐步引导学生对思维加以纠正,对知识加深理解,更深入地突破矛盾双方转化这一难点,并概括生成矛盾双方斗争性同一性的内涵、表现,提升学生的思维品质和逻辑推理归纳能力。同时,重在分析过程,对结论依然保持"神秘"。另外,其他组的图示也有亮点,比如用折线图表达的,留作课下交流探讨)

【师】如果没有猴子的情绪这个"统一体",就没有紧张与平和两方面的对立,两个毫不相干的事物谈得上对立、排斥吗?同样道理,没有紧张与平和的对立和差别,其中任一方还有依存的对象和转化的对立面吗?这说明什么呢?

【生】积极讨论,总结矛盾同一性与斗争性的关系。学生能说出二者不可分割,有"统一体"才有斗争,有斗争才有依存与转化的对立面。

【师】斗争性寓于同一性之中,只有构成"统一体",矛盾双方才会无条件对立,对立离不开统一,要求我们在统一中把握对立;同一以对立和差别为前提,没有斗争性就没有矛盾双方的相互依存、相互贯通,统一离不开对立,这要求我们在对立中把握统一。你能举例加以印证说明吗?

【生】有人将曹植的《七步诗》最后两句"本是同根生,相煎何太急"改成了"只缘同根生,相煎分外急!"我认为改得很好,正是依据了斗争性寓于同一性之中,曹丕与曹植若不是亲兄弟、都有争夺王权的可能,就不会出现曹丕对曹植的迫害。

……

(设计意图:用事例例证解读原理,是深化理解、内化提升的重要而有效的方式。"一例一感悟,一悟得升华。")

【师】矛盾双方既同一又斗争,在外部条件的作用下,矛盾双方向对立面转化,突破原有的"统一体",从而推动事物的运动、变化和发展,矛盾就是事物变化发展的源泉和动力,同学们,是不是有豁然开朗的感觉。我们现在揭开谜底,实验结果是:不捆的猴子时刻处于高度紧张焦虑中,因此导致胃溃疡以致生理机能紊乱而死。(答对的同学高兴,答错的略有失望和不甘)。当然,这是个案实验的结果,我们大家能自圆其说,也是值得肯定的。并且,最重要的是我们在探究的过程中促进了知识的生成、理解与运用,增强了探索未知的勇气,锻炼了逻辑思维能力,升华了正视矛盾、创造条件促进矛盾向好转化、趋利避害的情感、态度、价值观。

【拓展应用】学以致用,心怀天下

【师】"风声雨声读书声,声声入耳;家事国事天下事,事事关心。"下面,我们就运用矛盾相关知识,去关注现实问题,提出我们的看法。请各小组认领任意一个活动,积极讨论。

【活动1】凤凰涅槃——从"垃圾山"到"美南湖"!

【活动2】为国足支招

【活动3】中美关系

(设计意图:脱离实际应用的知识,不仅难以让学生真正理解,也难以让学生认识到知识的价值。尤其,哲学更重要的是方法论的指导,为此,让学生参与到现实生活之中,去思考、去感悟,就会达到学以致用、理论联系实际的效果,同时情感态度价值观也会得到相应提升。)

W老师的设计说明与教学反思:

本节课为《生活与哲学》第九课第一框"矛盾是事物发展的源泉和动力"的第一目题,是本课乃至矛盾观、辩证法的突出难点。哲学概念与原理的认识与理解离不开抽象思维。而如何让中学生愿意思考这些抽象的哲学问题是中学思想政治课教学的难点。在本课的设计中我利用心理学上的"哪个猴子先死"这一情境,紧紧围绕这一主线进行问题引领,由猜"哪只猴子先死",到"两只猴子都存在的两种情绪"(矛盾的统一性和斗争性的关系),再进一步到"两只猴子情绪变化的内外因及后果是什么(矛盾双方的相互转化意味着什么)"。采用小组探究的方式逐层展开,较好地突破了抽象难懂的矛盾相关知识,尤其是"矛盾同一性的表现""矛盾同一性与斗争性辩证关系"这两个核心重点、难点。

其他教师的点评:

(1)情境案例,以趣激疑。本课用心理学"哪个猴子先死"的鲜活案例为主题导入和案例分析,一下子就抓住了学生,调动起其兴趣和好奇,并促使其在这种内驱力支配下自主地去思考、探究问题,达到了"先声夺人"的效果。

(2)问题引领,层剥探究。以问题引领、层层推进的方式解析案例、分析问题,在思维的逻辑展开和拓展下,对接知识,提升能力,达到"一波未平一波又起"的效果。

(3)思维外显,动态生成。本课案例探究中的一个亮点是,让学生将矛盾双方在外因作用下的不同变化情况用图示演示出来,从而开拓了学生的思维,并以外显的方式展示出来,使得知识顺理成章地生成,有"水到渠成"之感。

(4)小组活动,群策群力。遵循"生本"思想,让学生主动地参与到教学活动中来,形成互动的教学氛围,使学生能够充分思维、积极合作、加强交流,潜能得到发挥,达到"思维碰撞出火花"的效果。

(5)关注社会,回归生活。知识在"实际运用"中强化,能力在"主动活动"中锻炼,情感在"生活感悟"中升华。以情境活动的方式,引导学生关注社会、体味生活,达到"学以致用"的效果。

案例思考题

(1)什么是主线式教学情境,它与一般教学情境有何异同?设计一个好的教学情境必须遵循哪些原则?

(2)Y市F中学三位政治老师的情境设计有何共同的特点?对你有何启

发？你觉得他们的设计还有哪些值得改进和完善之处？

（3）有人说，没有最好的情境，只有适合的情境。对此，你是怎么理解的？联系以上三则案例谈谈你的看法。

（4）请你在高中思想政治必修中任选一个框题，设计一个主线式教学情境，并说明你的设计理念及意图。

案例使用说明

1. 适用范围

适用对象：中小学思想政治教师、思想政治教育专业学科硕士、思想政治教育专业师范本科生。

适用课程：政治课程与教学论、学校思想政治教育、政治课教学设计与案例研究等。

2. 教学目的

（1）学会运用教学理论分析教学情境设计中遇到的实际问题。

（2）能站在学生立场和角度，注重学情调研和分析，依据学情进行教学设计，并思考初中生出现学习问题的原因和对策。

3. 要点提示

（1）相关理论

学生发展理论：学生是独立个体、是独特个体、是发展个体，认识学生成长与发展的规律性与不确定性。

教学理论：情境教学理论、建构主义理论、教学设计优化理论。

马克思主义哲学：物质决定意识，一切从实际出发；矛盾具有特殊性，具体问题具体分析。

（2）关键知识点

如何设计教学情境。

（3）关键能力点

注重调整知识结构，提升综合素养，学会整合资源，设计适合生情与教学内容的教学情境，从而优化教学设计，进行有效教学。

（4）案例分析思路

联系教材，从设计和应用两个维度，先探讨情境的设计，再分析情境的应用，进行教学设计，然后结合设计者的反思进行思考，分析主线式教学情境在教学运用中的优点与局限。

4. 教学建议

参见"案例三"。

5. 推荐阅读

[1] 李吉林.为儿童的学习——情境课程的实验与建构[M].外语教学与研究出版社,2007.

[2] [美]恰瑞罗特著.情境中的课程——课程与教学设计[M].杨明全译.中国轻工业出版社,2007.

[3] 申屠待旦.中学政治优化教学论[M].天津教育出版社,2006.

[4] 胡田庚.中学思想政治课教学设计与案例研究[M].科学出版社,2017.

[5] [美]约翰.D.布兰思福特等编著.人是如何学习的[M].华东师范大学出版社,2013.

案例七

Y老师基于学情分析的教学探索

摘　要：Y老师是X市特级教师后备人才研修班学员，X市学科带头人，有着16年的教学工作经验，自我反思意识比较强。随着教龄渐长，近三年来，特别是X市在中小学推进"学生学进去讲出来"的学讲行动计划，Y老师愈发关注学生的学，特别是关注学情分析在教学实践中的价值与作用。通过去T市J校某班以及X市S校某班上课情况的对比分析，他发现尽管自己所上的初中思想品德课《受教育的权利》和《受教育的权利与义务》课题差不多，教学设计差别也不是很大，但教学效果的差异却很大，为何一个成熟的教学方案到了另一个班级却产生这么大的落差。这引发了他关于学情分析的更多思考，也使得Y老师越来越深刻地认识到：对学情分析的把握准确到位与否，对课堂教学效果有着至关重要的影响。

关键词：学情分析　教学设计　教学效果　教学探索

背景信息

一、学情分析的政策与实践背景

随着新课程改革的不断深化，关注学生，尊重学生主体地位的理念逐渐深入人心。学情分析是基于"学"的课堂教学中的一项重要工作，要从学生"学"的角度开展课堂教学，对学情就要有充分了解。对学生学情分析不仅是教学目标的服务指向，也是教学目标制定的现实依据。只有依据清晰了，目标定位才会准确，才有助于更好地进行教学设计，从而促进学生的进一步发展。J省X市为了深入贯彻新课改理念，从2014年初开始，1 100余所中小学的2.5万个班级中，每天的17.5万节课几乎全部颠覆了传统的、由老师站在讲台上主讲的课堂模式。一年来，一个被称为"学讲计划"的课改工程，覆盖了该市的所有中小学课堂。中小学生开始成为课堂的主角，教师也逐渐从课堂教学的"台前"退隐"幕后",成为学生学习活动的指导者、组织者、协助者,更多地"参与"到小组学习中,而老师则驻足在学生的课桌旁。"学讲方式"逐渐成为了 X 市中小学课堂的一种新常态。

在"学讲"教学实践中,对学生学情的分析把握显得至关重要。但是在"学讲"教学实践中,受传统认识论框架的影响,教师们眼中或头脑中的学生常常是抽象的、模糊的。如日常教学研究中最常见的教师学情分析的例子:本班学生共 50 人,大部分学生上课发言积极响亮、参与度高,对政治学习兴趣浓厚,但仍存在学习习惯较差或学习有困难的小部分学生,个别学生有学习障碍。同桌活动和小组活动中,部分学生参与度不高,与同学的互动不够。还有大多数学生学习态度较端正,学习积极性较高,但学习习惯不是很好,部分学生还存在着依赖性,不愿意自己探究知识,没有好的学习习惯,还要教师在今后的学习中进行渗透。透过以上教师的学情分析,我们可以读出两方面的主要问题:

第一,以消极的学生观分析学生。更多看到的是学生发展中的问题,但问题分析并未与具体的教学目标相结合,这样的学情分析只是进一步增强教师对学生的不信任感。可以想见,这样的学生分析只能让教师在教学中更加不相信学生,而采取自身或优秀生替代思考的方式。

第二,以笼统的分类对待学生。虽然对学生做了初级分类(如用了"大多数、少数"等字眼),并有意识地从态度、兴趣、能力、方法等方面进行了分析,但这些量化的表达和维度本身就相对抽象,而且在短时期内较难改变。

"新基础教育"认为,教师们之所以出现消极化、抽象化的学生分析情况,与教师平时不理解学情分析的重要意义有关。

二、学情分析的理论与研究背景

学情分析的理论基础很丰富。首先,从马克思主义哲学角度看,我们想问题办事情要坚持一切从实际出发;矛盾具有特殊性,要求我们具体问题具体分析,这些理论是我们进行课堂教学实践的重要理论指导,没有对学生学情的分析把握,就没有教学的目标性、针对性和有效性。其次,从教学理论基础看,对话教学是师生双方精神思想的反思与对话,它存在于教师与学生在教学交互性中,它可以构建师生的主体间性,从而实现师生间认知的共振、精神的相遇、感情的共鸣,具有互动、开放、建构的特点。这一理论基础要求我们了解我们对话的对象,了解对话的对象的智力和非智力情况及影响因素,才能在教学中开展有效对话;而建构主义是学习理论在行为主义发展到认知主义后的进一步发展。与行为主义和认知主义相比,建构主义更加关注学习者如何以原有的经验、心理结构和信念为基础来构建自己独特的精神世界。建构主义教学理论强调"以学生为中心",强调学习是在社会文化背景下,通过人际间协作活动而实现的意义建构过程。没有对学情的了解和把握,就很难创设有效情境,提出有针对性的问题,通过教学活动来帮助、指导学生学习和发展,也谈不上意义建构和生成。

学情分析的研究成果相比其他教学环节的分析要少一些。陈瑶在《学情分析研究综述》(2014年)中认为,学情分析含义对学生情况的分析,学生学习情况包含于学生情况,学生情况是上位概念,学生学习情况是下位概念。随着研究的不断深入,国内研究者基本达成了一致共识,即:教师为了有效教学而开展的对影响学生学习各因素的诊断、评估与分析,其目的是为教师的有效教学行为提供准确的信息和依据,顺学导教。同时,学情分析研究的不断深入体现了新课程改革的理念不断深入教师的教育教学行为中,教师的观念正努力从学科本位、知识本位转向关注每一个学生,学生的主体性越来越受到重视,不再是物化的学生观。

学情分析的内容围绕影响学生学习的各种因素,主要包括智力因素和非智力因素。影响学生学习的智力因素主要包括认知和知识,认知帮助人们感知世界,分析问题、解决问题,它包括观察能力、记忆能力、思维能力、想象能力和注意力,通过认知活动形成的知识是人们行为的主要来源。非智力因素是不直接参与学习活动却制约整个学习活动的因素,它内涵广泛,在学习中主要表现为以下五个方面:一是动机兴趣方面、二是心理状况方面、三是学习内容方面、四是学生差异性方面、五是课堂生成方面。学情分析是课堂教学前的一个重要环节,为做好这一教学环节,主要有以下五种分析方法:一是类型化研究法、二是差异变量分析法、三是经验分析法、四是问卷法、五是访谈法。并且在此基础上,提出了不同学科的学情分析各有侧重;学情分析应然与实然有机结合的实现;学情分析研究的理论与实践融合等研究展望。当下,大家普遍关注的是如何基于本学科每一节的设计来调研和分析学情,尤其是思想品德教师同时带多个班级,学生人数多,如何调研如何分析是一个难题。不过,以上理论还是为本案例主题研究提供了较为充分的学理支撑。

三、Y老师的有关学情分析的研究情况

Y老师是X市初中思想品德学科的学科带头人,是X市特级教师后备人才。他非常热爱自己的本职工作,在X市一所大学附属中学工作,该学校的

生源主要来自大学教师子女,视野开阔、思维活跃,学校的中考成绩非常突出,他已经有16年的教学工作经历,多次带过初三和高三毕业班,所带班级中考高考成绩突出,更为让人称道是,学生非常喜欢上他的政治课,他曾经在全国中文核心期刊发表过数十篇论文,主持一个省教研室课题已经结项,是学校的把关教师,教育教学科研成果丰硕。由于教学工作时间渐长,Y老师近3年来越来越关注学情分析这一话题,思考学情分析在教学设计、教学实施、教学评价中的作用,以及如何依据学情分析来调整优化自己的教学设计,从而达到最优化的教学效果。特别是他所在学校既有初中又有高中,经常被学校领导委派到不同学段不同班级任课,对学情分析问题重要性的认识越来越深刻。以下案例中Y老师对学情分析的思考和探索,主要源于借班上课。一次是去J省T市L中学被动上公开课,一次是在J省X市S学校主动上公开课的实践探索和反思。

案例正文

一、一节被公开的课

作为2016年X市特级教师后备人才研修班学员,2016年12月上旬Y老师接到培训单位——某师范大学教师教育学院的通知,2016年12月16日赴T市J学校与T市特级教师后备人才研修班学员进行同课异构教学研讨活动。L老师被告知同课异构的课题由T市方面提供,课题还没确定,L老师一时不知从何下手准备公开课。

在等待课题的几天里,L老师首先根据教学进度将初中三个年级的教材温习了一下,将七、八、九三个年级教材可能涉及的内容进行初备。大致了解了教材的相关内容后,然后开始着手了解授课对象T市J学校以及该校学生的情况。他查询了T市J学校的网站,了解到该校是J省T市教育局于1998年批准的全市第一所股份合作制民办学校,实行董事会领导下的校长负责制寄宿制学校。2000年11月,学校顺利通过省示范初中验收,2003年5月学校顺利通过了T市重点高中验收。2010年,高中部并入另一所高级中学,学校仅存初中部,现有学生6 300多人。该校中考高分率、优秀率、合格率经常荣列T市第一。历年来,各学科竞赛均取得辉煌成绩。该校学生在各级各类学科竞赛、科技竞赛、文艺和体育竞赛中,国家级一等奖31人次,二等奖42人次,省级一等奖734人次,二等奖316人次,累计获奖达1 123人次;每年有近

80％学生进入四星级高中学习。获奖人数之多、获奖层次之高经常居全市第一。该校虽地处县级市,但其在 J 省有一定的知名度,学生的素质整体比较高。

学校秉承"育人为本、德育为先"的办学思想,坚持"立德树人、打造品牌、追求卓越"的办学方向,践行"厚德、励志、和融、广博"的校训,形成了"和谐、启导、力行"的教风和"博学、善思、活用"的学风,构建了以"家文化"为核心的校园文化。Y 老师想这样的文化背景和办学水平与自己所在的 X 市一所大学附属中学有很多相似的地方,学生整体的生源质量不错。于是 Y 老师对上好这一节课充满了信心。在活动的前一周,他终于知道了上课的课题是江苏人民出版社《道德与法治》七年级上册,第三单元"享受学习生活"第 7 课《享有受教育的权利》,于是他积极备课。12 月 16 日提前一天到了 T 市 J 学校后又去了一趟教室,见到了上课的学生,说了些鼓励的话,比如你们非常棒,希望发言时,脸皮要厚、嗓门要大,要敢于表达自己的观点,另外,他又下发了活动学习单,让学生们利用 5 分钟时间填写一下,学生很快就接受了 L 老师的建议和要求,以较快的速度完成活动单上面的预习任务,为第二天顺利进行同课异构奠定了基础。

L 老师依据自己的经验和观察,对学生的学情有了一个初步把握后,在当天晚上分组研讨教学设计时,他谈了自己的教学设计。

附教学设计 1：

《第一课时　享有受教育的权利》活动单

一、课标要求　知道公民有受教育的权利和义务,学会运用法律维护自己受教育的权利。

二、学习目标　知道公民有受教育的权利和义务;进一步增强珍惜受教育权利的意识,学会运用法律维护自己受教育的权利。

三、学习重难点　进一步增强珍惜受教育权利的意识。

四、学习任务与活动

环节一：法律赋权

★国家以法律的形式确认和保护公民享有受教育的权利。

1. 列举保护公民享有受教育权利的法律名称：_____

2. 摘录两条你比较关心的受教育者享有权利的法律条文。

环节二：倾情护权

★国家、社会、学校、老师和父母为我们享有受教育权利提供了必要的条件。

1. 国家：国家为我们享有受教育权提供了法律保障、物质保障和师资保障等。

2. 社会：《教育法》第四十五条 国家机关、军队、企业事业组织、社会团体及其他社会组织和个人，应当依法为儿童、少年、青年学生的身心健康成长创造良好的社会环境。

3. 学校：我们的学校是我们接受教育的乐园，学校为保障我们受教育做出许多努力。为此，我最想为学校点赞的是_____
_____。

4. 老师：我们每天和老师们朝夕相处，回想进入初中以来的学习生活中与老师相处的点点滴滴，最让我感动的是_____
_____。

5. 父母：爸妈不辞辛苦每天为家庭操劳，总感觉他们对我的学习有一点担心。我最想对爸妈说的一句话，让他们放心：_____
_____。

环节三：我来惜权

★增强珍惜受教育权利的意识

【各抒己见】老爸的微信圈中一位微友转发了这样一段文字："雍村清晨，13岁的初一学生王齐早早背起了书包去上学。王齐表哥张潇，当年村里唯一一个考上大学的，现在毕业了还不是没找到工作，只能帮他舅在外边跑生意。因为读书家里欠了一屁股债，还不如王齐他堂哥王海洋，人家初中都没毕业，在外跑运输，现在都买了两部车了……这就是读书无用论观念在这城郊村落中的日常表达。"

针对这位微友转发的"读书无用论"，请阐释你的观点。

★实施珍惜受教育权利的行动

报效国家、为学校争光、回报父母、为幸福人生奠基，需要我们增强珍惜受教育权利的意识，更需要我们在行动上更加努力学习。

1. 珍惜权利，我们有行动

| 乐于善学、勤于反思、信息意识、理性思维、批判质疑、勇于探究、刻苦勤奋…… |

在以上方面我做的比较好的是_____，具体表现是_____
_____。

在以上方面我最需要改进的是_____，今后我想这样做_____
_____。

2. 珍惜权利,学习有目标

说一说通过努力学习我要实现的理想或目标。例如我心目中理想的大学是_____;我想考上的高中是_____;我期末考试的目标是_____……

3. 珍惜权利,维权有方法

> 一天,有参观团来学校参观交流,学校要求各班班主任将比较容易"惹事"的学生劝回家"休息几天"。某学生平时在班上表现不太好,知道这件事情后,带着两个伙伴砸破了学校的几扇玻璃窗。

请谈谈你对这件事的看法。假如你是小齐同学,你会怎么做?

【反馈检测】

一、选择题

1. 下列做法中,遵守了《中华人民共和国义务教育法》有关规定的是 （ ）

   A. 小杰为减轻家里负担,读完八年级上学期就外出打工去了
   B. 小英家里非常困难,但他的父母仍然坚持让她读完初中继续上学
   C. 某个体户因人手不够,招收了小学刚毕业的小兰
   D. 母亲让正在读七年级的小花辍学回家,让弟弟继续上学

2. 《国家中长期教育改革和发展规划纲要(2010—2020)》指出,必须巩固提高九年义务教育水平,必须推进义务教育均衡发展,必须减轻中小学生过重的课业负担。这有利于 （ ）

   ① 保障青少年的受教育权　② 促进教育公平　③ 促进青少年健康发展　④ 消除学生之间成绩的差异

   A. ①②③　　　　　　　　　B. ②③④
   C. ①③④　　　　　　　　　D. ①②④

3. 格桑德吉是西藏的一名小学教师。13年来,在她的努力下,门巴族孩子从最初30%的失学率,变成今天95%的入学率。她教的孩子有6名考上大学,20多名考上大专、中专。村民们亲切地称她为门巴族的"护梦人"。这表明门巴族的乡亲们都认同这样的道理 （ ）

   ① 学习是成才的唯一途径　② 受教育能够改变人们的生活和命运　③ 知识让人生更美丽　④ 教育能为人的一生幸福奠基

   A. ①②④　　　　　　　　　B. ②③④
   C. ①②③　　　　　　　　　D. ①③④

二、非选择题

4. 观察下图、阅读图中文字,结合所学知识回答问题。

(1) 请运用所学知识,简要评析妈妈的说法。
(2) 与她相比,我们是幸运的。当前,我们应该怎样珍惜受教育的机会?

教学设计以学生活动单为抓手,环节一:法律赋权,环节二:倾情护权,环节三:我来惜权,三个环节,层层递进,比较清晰,具有操作性。不过,在课前研讨时,专家给Y老师提了建议,建议他的设计中的具体问题还应该更多结合学生的生活实际,而不是担心学生说错话,影响公开课的教学效果。Y老师听取了专家的建议,在第二天的课上,依据X市"学讲"计划分组学习活动的经验,Y老师进行了三个方面的教学调整。

第一,设置学习活动小组。在之前的学情调研中,Y老师了解到该班没有分组学习的安排,于是他把全班学生按照一定的人数分成N个组,并结合话题把小组合作学习的流程进行了演练。提出问题,明确活动要求——学生独立思考1分钟,然后讨论——各学习小组围绕话题交流3分钟——推荐代表到台前发言——组内其他学生补充,其他组可提出不同意见——教师参与交流——学生展示与师生点评。通过这样的活动设计,给了学生小组活动的体验,重要的是通过活动让多位学生走到前台表达自己的观点。

第二,给学生更多发言展示的机会。在之前的学情调研中,Y老师问上课班级的学生平时有没有经常发言展示交流的机会,学生说很少,到前面去发言的更少。Y老师就想着怎么通过活动教学和问题设计能让更多的学生有表达的机会。于是在第二天的课上,Y老师真的做到了调动学生发言的积极性。特别是第二环节倾情护权中有一个情境:"我们每天和老师们朝夕相处,回想进入初中以来的学习生活中与老师相处的点点滴滴,最让我感动的是_____。"

有学生说是老师提醒大家天冷要添加衣物,也有学生说每次老师给她耐心讲解时她都很感动,还有学生说老师关心他的学习,分享他取得成绩的喜悦,还有的学生说美术老师曾经带病上课,让他们很感动等。尤其值得一提的是:Y老师设置的小组讨论课有展示环节,让学生们围绕微友转发的"读书无用论",请阐释你的观点。这一话题时,独立思考、小组讨论后,有四位小组代表上台谈自己小组的观点和看法。代表一说这一观点不正确,读书是有用的,通过读书获得知识,寻找到理想的工作,更好地实现人生价值;代表二说受教育是公民的义务,通过接受教育提高思想觉悟水平,所以受教育是重要的,那种认为读书无用是错误的;其他小组代表也从不同角度批驳了读书无用论。在这一展示环节中,无论学生还是教师的展示、交流和点评都有值得商榷的地方,但学生们表现出来的学习和交流热情确实令人鼓舞。其中一位女生一直在举手,由于她在靠北边第一小组,Y老师开始没有看到她,在听课老师提醒Y老师关注后,Y老师让她到前台去发言,她上台就对大家说,请大家给我点掌声鼓励一下,真的好可爱。课后我跟她聊,是不是经常上讲台发言呀,她说这是她第一次上讲台发言,看见大家去前台,自己也很想去试试,我接着问:那你对自己的第一次上讲台是否满意呀?她几乎不加思考地回答说很满意。看着学生开心的样子,Y老师闻言也很欣慰。应该说这一环节也是基于这个班学生的学情进行的设计。

第三,鼓励学生进行反思性学习。报效国家、为学校争光、回报父母、为幸福人生奠基,需要我们增强珍惜受教育权利的意识,更需要我们在行动上更加努力学习。Y老师在进行环节三:我来惜权:实施珍惜受教育权利的行动教学时,最初设计是围绕"乐于善学、勤于反思、信息意识、理性思维、批判质疑、勇于探究、刻苦勤奋……"在以上方面我做的比较好的是_____,具体表现_____。在以上方面我最需要改进的是_____,今后我想这样做_____。后来他采纳专家建议,认为他自己给出的学科素养总体还比较抽象,应该设计得具体些。于是他提出这样的问题:生活中我们还有哪些行为是不符合惜权要求的,请大家反思并交流下。这个临时增加的问题一下子激发了学生自我反思探究的热情,有的学生说自己平时好玩手机,耽误了很多学习的时间,现在感到后悔;有的学生说自己偏科很严重,喜欢的学,不喜欢就不想学习,甚至不接受自己不喜欢科目老师的教导;有的学生说自己遵守校规校纪不够,有时上自习课不够专心,有讲话;还有的学生说自己对教师的教育经常不服气,常常顶撞老师等。在此基础上,Y老师进一步启发学生应该如何做才符合惜权的要求,学生们畅所欲言,充分表达,掀起了一波课堂学习高潮。

二、一节主动公开的课

Y老师从T市J校回来后一个月左右,作为X市特级教师的后备人才,接着又在X市S中的初二年级某班,上了江苏人民出版社《道德与法治》七年级上册第三单元"享受学习生活",几乎是同一课题的同一节课,课题还是《受教育的权利与义务》,考虑到快要期末复习,这是一节复习课,于是增加了《受教育的义务》的内容。与上次上课相同的是,他先了解了X市S中的一些基本情况,这所学校坐落在正在崛起的X市北区,交通便利,校园环境优美,文化氛围浓厚,近年来教学质量在北区首屈一指,是市教育局重点发展学校。学校占地面积15 400 m²,现有26个教学班,1 300余名学生,近百名教职员工。教师中本科以上学历占95%,其中硕士研究生4人;现有J省特级教师1名、X市名教师1名、X市青年骨干教师2名。学校立足"德育为首,课改为本",坚持"有作为才有地位,有思路才有出路,有创新才有发展"的理念,践行"明德笃行,弘毅致远"的校训;塑造制度文化,强化执行力度;倡导师生带着微笑工作和学习,让S校中人不仅收获到成就,还有尊重和幸福。用制度规范人,用文化浸染人,努力追求学生生态发展、特色发展,打造北区平民教育的高地。学校坚持推进课堂教学改革,大力推行"悦动课堂"教学模式,通过目标导学、自主先学、合作互学、质疑问学、检测促学、反思悟学六个环节,训练学生思维能力,激发学习兴趣,促进学生主动、生动、灵动学习。教学质量连年提升,2013年中考提升8个位次,2014年中考提升6个位次。这所学校与Y老师所在学校的师资力量、校园文化、学生生源、考试成绩、学业质量方面的差距比较大,于是他在原先教学设计的基础上做了一些调整。

附教学设计2:
《第7课 受教育的权利与义务》活动单
一、学习目标:知道公民有受教育的权利和义务;进一步增强珍惜受教育权利的意识,学会运用法律维护自己受教育的权利;逐步增强履行受教育的义务的意识和能力。
二、学习重难点:珍惜受教育的权利,履行受教育的义务。
三、学习任务与活动
◇ 知识清单 自主先学

1. 我国宪法规定:"中华人民共和国公民有受教育的权利和义务。"在我国受教育既是公民的_____,又是公民的基本义务。
2. 列举我国保障青少年受教育的法律:《_____》《_____》《_____》等。
3. 从公民自身发展的角度来讲,青少年为什么要受教育?
① 在我国受教育既是公民的基本权利,又是公民的基本义务。
② 每个公民都可以通过受教育,掌握先进的_____,提高_____,提升_____,力争为国家的经济发展、社会进步多做_____。
4. 从国家发展的角度来讲,青少年为什么要受教育?(为什么受教育是公民的基本义务?)
① 在我国受教育既是公民的_____,又是公民的_____。
② 教育不仅能改变个人的生活和命运,而且关系到国家的_____。当代,科学技术的进步已成为经济发展最主要的_____,而科学技术的发展和进步关键在_____,基础在_____。
③ 每个人都必须履行受教育的法定义务,力争为国家的经济发展、社会进步多做贡献。
④ 国家实行九年义务教育制度,平等接受义务教育的权利的同时,必须履行接受义务教育的_____。
5. 青少年应如何自觉履行受教育的义务?
① 自觉履行受教育的义务,青少年要珍惜在校学习的机会,自觉接受九年义务教育。
② 以高度的责任感为祖国、为社会奋发进取,刻苦学习,努力把自己培养成为有理想、有道德、有文化、有纪律的社会主义事业的建设者和接班人。
③ 遵纪守法、尊敬师长、努力学习、自觉完成学习任务。
④ 青少年要学会学习,掌握科学的学习方法、养成良好的学习习惯,树立远大理想,树立正确的学习观念、终身学习,珍惜受教育的权利,立志成才,回报社会,等等。

Y老师初步思考了该校学生的学情,计划把学习目标中的情感、态度、价值观目标移到前面,力求通过教学让学生更加发自内心地认可并接受"通过受教育获得学习机会,然后通过学习改变自己命运"的观点,但他在活动导学单上没有调整,保持了和T市J校一样的学习目标,同时他又考虑到该校学生的基础可能不太牢固,于是增加了知识清单"自主先学"。一共有5个大知识点。他这次在课前同样去教室与学生沟通了一下,然后安排学生填写活动单中的知识清单自主先学部分,但他发现尽管在来上课之前心里已经对学生的目标期望值进行了下调,但没有想到,事实上情况还不乐观,他让学生填写5分钟,总共15个空,大部分学生都不能完成。

在课堂上他放了2个视频《希望》和《马拉拉的演讲》,让学生谈感受,力求通过这两个视频唤起学生对受教育权落实的认同和珍惜。另外花了较多时间在知识点的记忆、背诵、复述上,从而增强学生珍惜受教育权利的意识。谈"读书无用论"这个问题没有进行,有关小齐违纪没有好好珍惜受教育权,也没有好好履行受教育义务的事例,几乎是一带而过。课后专家和Y老师研讨,主张学生活动包括视频材料都要重新设计、优化甚至要删除一些,留给学生思考表达的充足时间。

三、两节课的自我批判与反思

(一) T市J校的教学反思

通过这一节课的教学活动,Y老师认识到以下两点:

其一,教师对学情的认识需要有一个了解和消化的过程,要有一定的时间、渠道和方法去消化。如果他事先没有通过电话与T市J学校王主任的交流以及自己去教室进一步与学生交流,发放学习任务单,安排学生做一点预习准备,晚上又在听取专家意见的基础上做了调整,恐怕第二天学生课上的参与效果就没有这么好。

其二,对学生学情的把握需要教师课上启发和激励。教师对学生学情事实上很难在课前完全把握到位,可以在课堂上通过教师的指导行为,如:激励的语言、恰当的指导、和谐氛围的营造等,激发出学生良好的学习状态。这就好比之前的学情其实是一个微微敞开的"箱子",里面的情况似是而非,看得不很真切,但具体是什么,有哪些还不是很清楚,只有通过教师课堂教学的组织活动,才能帮助学生逐渐打开那个虚掩的学情的"箱子",里面呈现出来的东西可能令学生自己都很诧异,他们会发出这样的惊叹:"原来我还有这样的宝贝,原来我还有这样的能力。"这让教师和学生都有很多惊喜的发现。

(二) X市S校的教学反思

Y老师对这一节课进行如下反思:

反思1:自己缺乏实际经验。他认为比较欠缺给这部分学生上课的实践经验,对这类孩子的学习习惯、学习基础以及行为方式了解不够,导致对学情判断不准,拿捏不好。比如学习目标,到底定位在情感态度价值观上,还是基础知识的落实上,还是如何将两者有机结合起来,自己并没有完全想好,学生课前准备也不足,导致课堂教学任务没有顺利完成。

反思2：自己有时过分自信。他自认为自己在T市J校上过一遍了,而且取得了很大成功,到了X市S校再上一遍应该没有多大问题,所以,对学习活动单微调了一下,几个活动都有,甚至还增加了《希望》视频,而且只是课前去了一下教室,发现学生做的很慢,不尽如人意,时间太短也没有来得及调整,就直接上课了。他认为自己还是思想上不够重视,有点大意、调整不力、推进困难。

反思3：问题设计没有走进学生心里。他认为自己在引导学生谈谈对小齐同学这件事的看法时,学生表现得不够积极。尽管"假如你是小齐同学,你会怎么做?"这个问题在他自己的班级上应该没有问题,但在这个薄弱学校的实验班级,学生并不热心,自己未能把学生充分调动起来。觉得以后不论到什么学校上课,都要反复准备、反复思考,采取问卷、访谈、作业反馈等多种方法来了解学情,加强学情分析。

最后,他表示自己对这一节课很不满意,说:"知道学生差,但没有想到这么差。"离预估很远,也自责自己预判不准。

案例思考题

（1）什么是学情分析？你认为学情分析的方法和途径有哪些？学情分析与教学设计的关系如何？请谈谈自己的认识。

（2）看了Y老师在T市J校某班教学的整体情况,你认为他这节课的成功与对T市J校某班的学情分析有何关系？对你有何启发？

（3）Y老师在T市J校某班上课比较成功,几乎是同一课题,在X市S校某班上课却不尽如人意,这是为什么呢？这个案例给予你怎样的思考？

（4）关于学情分析对教学设计、教学实施和教学评价的影响,你还有哪些故事可以分享？

案例使用说明

1. 适用范围

适用对象：中小学思想政治教师、思想政治教育专业学科硕士、思想政治教育专业师范本科生。

适用课程：政治课程与教学论、学校思想政治教育、政治课教学设计与案例研究等。

2. 教学目的

(1) 学会运用教学理论分析解决因学情分析不足而产生的实际问题。

(2) 能站在学生的立场和角度,注重学情调研和分析,依据学情进行教学设计,并思考初中生出现学习问题的原因和对策。

3. 要点提示

(1) 相关理论

学生发展理论:学生是独立个体、独特个体、发展个体,认识学生成长与发展的规律性与不确定性。

教学理论:对话教学、建构主义理论。

马克思主义哲学:物质决定意识,一切从实际出发;矛盾具有特殊性,具体问题具体分析。

(2) 关键知识点

如何获得学情,分析和把握学情,尤其是课堂上如何运用教师教学智慧和能力帮助学生学习和成长,发现成功的自己。

(3) 关键能力点

运用教学经验和多种方法获知学情,学会分析学情,从而调整优化教学设计,进行有效教学。

(4) 案例分析思路

运用比较分析的方法,先探讨 Y 老师这两节公开课的教学设计,然后结合其反思进行思考,发现学情分析在其中所起到的作用,学情分析准确到位,课就成功一半;否则教学目标难以达成。

4. 教学建议

参见"案例三"。

5. 推荐阅读

[1] 苏霍姆林斯基. 给教师的建议[M]. 北京:教育科学出版社,1984.

[2] 庞维国. 自主学习——学与教的原理和策略[M]. 上海:华东师范大学出版社,2003.

[3] 申屠待旦. 中学政治优化教学论[M]. 天津:天津教育出版社,2006.

[4] 周家亮. 思想品德教学研究与设计[M]. 济南:山东人民出版社,2006.

[5] [美]约翰. D. 布兰思福特等编著. 人是如何学习的[M]. 上海:华东师范大学出版社,2013.

案例八

"鱼渔双授"与师生双赢

摘　要: W老师是一位有着将近20年教龄的教师,作为高中政治教学中心组成员及S市学科带头人,他始终坚持教学改革与探索。新课程倡导让学生"自主、合作、探究"学习,既是要求学生转变学习方式,也是要求教师转变教学方式,如何让学生适应新课程改革的要求?W老师受"授人以鱼不如授人以渔"的传统教育思想的启发,在教学中尝试"鱼渔双授"教学模式的研究与探索,旨在通过改革让学生在会学中学会,不断提升学习力。其间,W老师先后尝试了自主学习法、设错提问法、灵活应对学生质疑法等诸多灵活多样的教学方法,产生了良好的效果。学生独立思考、自主研究蔚然成风,学习力普遍提升。在此过程中,生成了很多有价值的问题,对这些问题的研究也促成了W老师的专业发展,实现了教学相长,师生双赢。

关键词: 鱼渔双授　师生双赢

背景信息

W老师是一位有着将近20年教龄的老教师,作为高中政治教学中心组成员及大市学科带头人,他始终坚持教学改革与探索。高中思想政治课实施新课程以来,如何将"自主、合作、探究"的学习方式落实到位,成为广大教师必须面对和解决的重要问题,政治教师对此感受尤深。受应试升学压力的影响,W老师所在的学校,政治课堂仍以教师主导的"我讲你听,我说你记"的灌输教学方式为主,学生对教师及网络的依赖性很强,自主学习的能力较为薄弱,合作、探究的能力普遍不高。如何让学生适应新课程改革的要求?W老师从"授人以鱼不如授人以渔"的传统教育思想中得到启发,在教学中尝试进行"鱼渔双授"教学模式的研究与探索,旨在通过改革让学生在会学中学会,不断提升学习力。

案例八 "鱼渔双授"与师生双赢

案例正文

一、"鱼渔双授"的目标设定

W老师在"鱼渔双授"的探索中引导学生掌握和运用学习方法,逐步形成方法意识的有效途径和策略,让学生在学方法、选方法、用方法的过程中,转变被动接受的教学方式,唤醒学生的主体意识,打开自主学习之门,向"自主、合作、探究"的学习总目标迈进,并形成终身学习能力。对教师教法改革提出的目标是:着眼于学生能力的发展,在具体的教学实践中树立引导"学法习得"的意识,能针对不同阶段的学生、教材,根据教师自身实际制订适宜的学法目标,在教学中通过"引导参与、启发探究、交流检验、巩固提升"循环反复的过程落实学法的传授,实现"教是为了不教"的教学理想。探索的具体目标包括:

(1) 唤起主动参与的意识。更新教学观念,转变教学方式,优化课堂教学,提高教学质量;使学生有目的地学习,对所要达到的学习要求及其价值有所认识,能自主规划、合理安排、主动追求。变"要我学"为"我要学"。

(2) 激发乐于探究的情感。掌握自主学习方法,主动获取知识,发展创造能力,提高学习兴趣。学生能有创造地学习,不满足于获得现成的答案或结果,独立思考,多向思维,善于综合,创造性地运用,勇于探索。

(3) 培养反思调控的能力。学生能在学习上自我调控,通过观察、操作、比较、分析获得大量感知认识,并学会比较、分析、选择、调整,逐步掌握系统的方法体系。

(4) 提高信息处理水平。学生在大量方法信息面前,能及时捕捉信息,敏锐感受和理解信息,能有选择地汲取,并根据需要进行分类、整理、选择。

(5) 培养合作分享的情感。学生能适应群体或团体生活,具有人际交往的意愿和能力,形成和谐的师生互动、生生互动、学习个体与学习中介的互动,强化人与环境的相互影响,产生教学共振,达到理想的教学境地。

二、"鱼渔双授"的关系处理

W老师认为,实施"鱼渔双授"需要正确处理以下两对关系:

(一) 学法和学法指导的关系

学法,即学生科学的学习方法(可以是自己总结的,也可以是借鉴别人成功的经验)。学法指导,是指教师根据学生身心发展特点、认知规律,指导学生怎样采取科学的学习方法去学习。学法指导顾名思义是指学习方法指导,从范畴上讲属于教学论的范畴,是指学生在教师的指导下,运用科学的方法,从中获得知识与发展的技能,能动地实现与教育目的要求之间的动态平衡,从而使学生生动活泼、主动地得到全面发展。学法指导又指教育者通过一定的途径对学习者进行学习方法的传授、诱导、诊治,使学习者掌握科学的学习方法并灵活应用于学习之中,逐步形成较强的自学能力。学法指导对于保证学习质量,提高学习效率起着最直接的作用。

(二)自主学习和他主学习的关系

"自主学习"是一个与"他主学习"相对立的概念,是对学习本质的概括,是高品质、高质量的学习。一般指在教学条件下学习主体自觉确定学习目标、制定学习计划、选择学习方法、监控学习过程、评价学习结果的过程或能力。自主学习是由学习者的态度、能力和学习策略等因素综合而成的一种主导学习的内在机制,也就是学习者指导和控制自己的学习能力。自主学习是指学习者对自己的学习目标、学习内容、学习方法以及使用学习材料的控制权,即指学习者在以上这些方面的自由选择程度。他主学习就是被动学习,就是在教师主导甚至操纵下的非自主学习模式。在这种形势下,学生可能也会学会,但需要耗费更多的时间和精力,还会丧失应该具有的学习力。

三、"鱼渔双授"的实施路径

在探索"鱼渔双授"教学模式期间,W老师先后尝试了自主学习法、设错提问法、灵活应对学生质疑法等诸多灵活多样的教学方法,产生了良好的效果。

(一)正确对待错误:让"错误"成为学生成长的阶梯

W老师非常重视学生的错误资源,有时甚至通过制造错误来提升学生的判断力和选择力,从而提升学生的学习力,在知识的辨别中实现知识与使用知识的方法兼而有之。学生的成长离不开错误,如果我们百度"错误也是——",度娘立马便秒推"错误也是一种美丽""错误也是一种财富""错误也是一种机遇"等,充满魅力的"错误"就会扑面而来,真是让人防不胜防啊。"人在江湖,身不由己",人生道路上不犯错误是不可能的,但错误的价值在于让我们懂得正确是什么。孔夫子曾云"不迁怒,不贰过",不迁怒还是比较容易做到的,但

"不贰过"却有些难度。逆向思维和反证法都是非常好的思维方法,而这些好的思维方法的恰当使用又离不开对"错误"的正确认识。因此,我们需要在课堂教学中充分利用和开发"错误"的资源,让"错误"成为正确的参照物,让"错误"成为正确的先导。

1. 借助"助产术"设定美丽的陷阱

易错易混点是课堂教学的难点,容易迷惑学生,使学生误入歧途,因此这类知识点也是学生在应试中失分的重灾区。多数情况下教师往往一而再再而三地左叮咛右嘱咐,但学生仍照错不误,仿佛失听一般。有时强化训练终于使有些学生矫正过来了,但有些同学在运用时错误又会毫无悬念地死灰复燃。与其如此,不如反其道而行之。如果教师对学生的错误不是常规般的提醒、纠正,反而进一步推波助澜,并以此制造出一个更大的笑话,让学生对错误的反思产生一个更加刻骨铭心的记忆,从而终结学生的错误,并将此变成学生错误的终点站。如在教授《用发展的观点看问题》关于事物发展的两种状态时提出问题:

师:量变必然引起质变。(学生在深信不疑地记录中,眼看学生记录结束)

师:这个观点正确吗?请说明理由。

生:正确,因为是老师说的。

师:吾爱吾师,但吾更爱真理。老师也会犯错误啊!

生:好吧!我还是认为这个观点是正确的。因为质变是量变的必然结果。

师:不错,质变是量变的结果。但量变必然导致质变吗?我年轻时做了一件小小的坏事,难道就必须在错误的道路上越走越远吗?难道就不能悬崖勒马,浪子回头吗?

生:(沉思、翻书)老师,量变积累到一定程度必然产生质变。在量变和质变之间还有一个"度"。因此,量变必然产生质变的观点是错误的。

"助产术"是古希腊大教育家苏格拉底的教学方法。学生一开始先入为主地接收了教师提出的"量变必然产生质变"的错误观点,前提条件是老师是不会犯错误的。在教师温馨告白之下,学生才开始对教师提出的观点有了动摇,在教师严谨的"助产"之下终于把将信将疑转变为彻底反对。学生对量变与质变之间的"度"也就不易忽视。

2. 运用"归谬法"敲定返程的轨迹

在课堂提问环节中,如果我们首先假装承认学生给出的答案是正确的,然后鼓励学生顺之推理,最终让学生在错误的道上走到黑。如此情形可以让学生深刻地认识到自身的错误根源,从而在错误认识的推理中改正错误。如在讲到法律面前一律平等的知识点时,教师用了"老鼠过街,人人喊打"来说明,调动学习的兴致。

师:同学们,老鼠过街,怎么办啊?

生:老鼠过街,人人喊打。还用说,打死它!

师:如果小偷劫匪过街怎么办?

生:打!打!打!(学生已经陷入思维定式之中,情绪异常高涨)

师:小偷罪犯能随便打吗?

生:(似乎感觉自己不对,但又不知道不对在什么地方)

师:偷狗贼可恨吗?据说两个偷狗贼被村民们打得一死一伤,甚至有的村民在伤者的身上撒盐——

生:这样做也太残忍了!虽然偷狗行为非常可恶,但也不能打死人啊?(学生脱口而出)

师:这种行为不仅残忍,不仅可恶,更是违法犯罪行为!应当受到法律的严惩!可见,"老鼠过街,人人喊打"可以,但不能真的打。即使需要打,也必须由司法机关依法来"打"。小偷也是人,也拥有不可侵犯的合法权益,必须坚持法律面前人人平等的原则。

反证法又称背理法,是一种充满智慧的论证方法,这种方法实则就是请君入瓮法。当学生在回答教师提问时,可能会给出一个错误的答案,教师可以不动声色地认可这个结论,并引导学生进一步论证这个答案,并在缜密的反证中得出颇为荒唐的结论,让学生认识到自身不足。

3. 采取"归类法"圈定错误的范围

通常在选择题设计过程中,很多教师都是在题肢中采取正误混杂的模式。我在习题设计中尝试将学生可能产生的错误都设计为题肢,在学生选择中所有的选项都被逐一排除,最后要求学生设计一个正确的选项,以提高学生的判断选择力。如对非公有制经济的认识正确的是:

A. 大力发展非公有制经济

B. 是社会主义经济的重要组成部分

C. 与公有制经济地位平等

D. 发挥其主导地位

师:请同学们根据情境要求对这道选择题进行选择。

生:选 A。因为非公有制经济有利于促进生产力的发展。

师:我国对非公有制经济的正确态度是毫不动摇地鼓励、支持和引导,而不是大力发展。

生:啊!那就选C。非公有制经济也是社会主义市场经济的重要组成部分,两者市场地位平等。

师:两者不仅市场地位平等,法律地位也平等,但笼统说两者地位平等是不正确的。因为在基本经济制度中,在国民经济中公有制主体地位不可动摇。

生:选B。因为社会主义经济包括公有制经济,也包括非公有制经济。

师:"社会主义"是对经济性质的限制,社会主义经济就是——

生:社会主义经济就是公有制经济。只能选D了。

师:同学们想一想,在国民经济发挥主导作用的是——

生:国有经济。那老师,没有答案啊?您骗我们!

师:这里没有欺骗,只有挑战。现在让我们尝试一下为这道选择题设计几个正确的选项。

生:……

设计错误的问题就是让学生在教师的引导下将许多可能易错的问题通过"错误"爆发出来,并集中解决问题,让学生明白对某主题的这一类认识和理解都是错误的。同时让学生补充正确的选项,也可以让学生明白什么样的认识才是正确的,从而让学生对这一问题形成全面的认识。

4. 运用"启发术"确定宽松的空间

在教学设计中我们必须坚持预设与生成共存,让生成在预设中存在。如在传授《股票、债券和保险》一课时,老师设计了一个允许学生自由表达意见的环节。如材料中某专家对工薪家庭不同投资理财方式的提示,如不赞同可提出自己的意见:

投资方式	投资提示	个人观点	经济学依据
储蓄	基础		
股票	谨慎		
国债	重点		
保险	保障		

师:同学们,你们相信专家观点吗?(叛逆期的学生,51人中有两人赞同,其余49人持保留态度)

师:我们先看看大多数反对意见的理由。

生1:我认为要减少储蓄和国债。因为储蓄利息最少,国债收益也不高,同时两者都有风险。

生2：我认为要增加股票，风险大但收益也高啊。撑死胆大的，饿死胆小的，就应该有一些冒险精神。

师：撑死胆大的，饿死胆小的，所谓冒险精神就是"人为财死，鸟为食亡"的翻版，是错误的金钱观，不值得赞成。但对储蓄、股票和国债的收益和风险分析有一定道理。那么，相信专家观点的同学有何高见？

生3：储蓄是便捷的投资方式，风险度比较低，使用比较灵活；股票是高风险的投资方式，一般人都玩不转；国债有国家财政作担保，安全性比较好；保险可以很好地规避风险。因此，我赞成专家的观点。

师：兼听则明，偏信则暗。我们也不能完全相信专家的一家之言，也不能过于自负。我们必须兼顾投资方式的收益率和风险度的两面性，考虑自身实际情况，切不可一概而论。

我们需要投石于池塘之中激起层层浪花一样，让学生的思想成为一池活水，需要给予学生"叛逆"和持"不同政见"的机会。大多数学生在分析问题时往往会用形而上学的思维考虑问题，要么从弊端的角度全盘否定，要么从优势的角度全盘肯定。学生的观点固然有失简单幼稚，但教师也应尊重他们说话的权利。我们在探究情境的设置中，自由度和宽容度都可以大一些，让学生有空间可以思考，有余地可供选择。答案是丰富多彩的，我们希望学生们的思想百花齐放，就需要赋予学生们思维的自主权。

教无定法，"法"力无边。当然，在思想政治课教学过程中教师也可以实施瞒天过海的计策，让学生防不胜防。如学生在回答问题时给出的结论是正确的，教师仍可以不断质疑这个答案，这样，通过教师的反复质疑甚至是百般刁难，学生为了自圆其说必须进行逻辑严密又非常有说服力的说理，从而在论证过程中不断提高自身的思辨能力。

四、灵活对待质疑：让质疑成为学生成长道路上的铺路石

W老师认为，在传统的应试教育下，教师的职责就是围绕高考指挥棒，就高考考点进行分析说明，根本不存在真正意义上的传道、授业；学生的质疑也仅仅局限于对考点的理解、分析和运用，而不是知识的拓展和创新能力的培养。通常情况下，教师面对学生的质疑提问，有些教师过于热情，知无不言、言无不尽，丝毫不给学生任何自我探索的机会；有些教师则可能对学生提出的在教师看来过于白痴幼稚的问题不屑一顾，置之不理。这些应对学生质疑的处理方式对学生自主学习和探究的发展都会产生不利的影响。因此，教师对待学生的质疑要考虑自身量力而行,既要考虑学生的承受和接受能力,也要注意教师自身的能力和水平,还要注重有利于促进对学生能力的培养。这要求教师在应对学生的质疑时有所区别对待,依据学生对质疑问题接受能力的差异采取不同的对策。教师需要对学生质疑的问题经过快速过滤筛选、分类汇总,譬如可以把学生质疑的所有问题归类为有问不答、有问必问以及有问必答等,同时采取相应的对策,切不可一概而论。为此,W老师就明确了应对学生质疑需要坚持的原则。

(一)有些问题坚持有问必答的原则

面对学生的质疑和提问,教师的道德和良知都不允许教师对有疑求助的学生置之不理。有问必答就是学生的质疑确实属于学生依靠自身无法解决的,同时也有解决必要的问题。学生在哲学学习过程中就提出许多很有价值的问题,例如意识是主观的,真理属于意识,但真理是客观的;物质是运动的主体,意识是变化发展的,但意识不是运动的主体;联系是可以改变的,规律属于联系多样性的表现,但规律是不可改变;实践是检验认识正确与否的标准,真理是主观与客观的统一,但真理不能作为检验认识的标准。这些问题确实是"问题",也是必须解答的问题,如果不搞清楚,学生们的思想可能会滑向唯心主义或者形而上学的泥潭。同时,这些问题又超出了学生当前的认知水平,是学生们无法自主解决的问题。面对这些问题教师应该坚持有问必答的原则在师生合作探究下予以解决。思维往往是由问题激发的,一个好的问题能使思维得以产生、维持和深入。古往今来,凡有创新精神的人无不具有强烈的问题意识,他们常主动带着怀疑的眼光去观察世界、发现问题。正因为他们有提出问题的意识,为了促成问题的解决,就自然有了创新的意识。因此,在教学活动中鼓励学生质疑有助于培养学生的创新意识。对学生产生的此类质疑需要做到有问必答,耐心指导,详细讲解,促使同学们都愿意提出问题。有问必答的前提和基础是师生合作探究。有问必答并不意味着对学生的质疑包办代替,给学生一个现成的答案,而是需要鼓励学生提出自己的想法,在学生解决问题遇到困难时为学生提供一些必要的帮助,对质疑问题的正确解答仍然主要靠学生自我解决。解答问题并不是有问必答的全部,教师还需要鼓励学生在正确解答所质疑问题的基础上举一反三,提出更多、更新的问题,解决更多、更新的问题,从而大大激发学生的灵感,激发学生的积极性和创造力,促进学生素质的提高。

（二）有些问题坚持有问必问的原则

课堂教学需要用问题激发问题，用思想碰撞思想。对真理的追求比对真理的占有更为可贵。有问必问就是对于学生因质疑而提出的问题，单靠学生自身确实无法探究出来，需要教师稍加引导和点拨，这时教师的职责不是有问不答，也不是有问必答，而是有问必问。头脑不是一个要被填满的容器，而是一个需要点燃的火把。教师可以提出与需要解决问题相关的问题逐层让学生解答，通过一个个相关问题的解答，帮助学生逐步接近并形成正确的答案，享受从质疑、探究到成功的快乐。如学生提出的问题是为什么实质上同样都是唯心主义世界观，国家要保护正常的宗教信仰，而不去保护封建迷信活动？显然，这个问题完全依靠学生自主解决有一定的难度，但学生在教师的启发之下也可以通过自主探究得到有效解决，这需要教师坚持有问必问的原则加以解决。为了引导学生解决这个问题，教师可以设问与这个问题密切相关的其他问题，如我国现阶段为什么要允许宗教长期存在？封建迷信活动有哪些危害性？这样在有问必问之下，保护正常的宗教活动，但不存在保护封建迷信活动，这个质疑就在教师提出的两个问题的解答中水到渠成地得到了解决。历史上苏格拉底的"精神助产术"基于其独特的哲学观和教育观。他认为，理想的教育方法不是把自己现成的、表面的知识教授给别人，而是凭借正确的提问，激发对方的思考，通过对方自身的思考，发现潜在于自己心中的真理。因此，苏格拉底提问意旨明确，环环相扣，善于突破关键，充分挖掘对方思维潜能，具有很强的引导性与严密性。我国古代最伟大的教育家孔子也是启发性教学的倡导者，他能够针对不同的个性特征，循循善诱，点拨精妙，善于把握时机，给学生相当大的思维空间，具有启发性、灵活性。东西方两位大师共同的优点都是"有问必问"。我们必须认清一点，学生在提问时有可能仅仅是为了获得正确的答案。因此，有问必问应该成为教师应对学生质疑提问的主要策略，只有让学生不断质疑提问，教师不断针对学生的质疑针对性地设计问题，在教师的设问中积极引导学生解答这些问题，帮助学生产生正确的观点，才能引导学生形成自主学习和自主探索的良好学习习惯，才能真正让学生成长为学习的主人。

（三）有些问题坚持有问不答的原则

可能许多教师对学生提出的问题不作任何解答似乎很难接受，似乎有悖于教师传道授业解惑的职责。既然"解惑"是教师的三大职责之一，有问必答是教师的优良品质,因此教师就应对学生的质疑提问知无不言,言无不尽。但如此一来,学生不仅失去了享有探究过程的乐趣,也扼杀了学生的想象力。在学生质疑过程提出了超过教师自身认知水平的问题怎么办?我们是为了维护自己可怜的自尊心去不懂装懂、牵强附会、自圆其说地糊弄误导学生,还是实事求是地告诉学生,这个问题超出我们的认知水平,我也不会,让我们一起探究吧。显然,与其教师自己打肿脸充胖子,死要面子活受罪,倒不如老老实实地承认自己对这个问题的"无知",以科学的心态与学生共同探究。这样,反而可能激发学生思维强者的意识,将学生的学习激情激发出来,使他们的学习力得到提高。总结起来,对学生质疑的有问不答应当坚持三项原则:即对明显"白痴"级别的问题不答,对超出师生实际认知水平的问题不答,对目前科学没有定论的问题不予以回答。有些教师担心,对学生提出的质疑不作任何解答是否就认定教师的工作责任心有问题呢?首先需要明确的是有问不答的问题是不需要或者不必要或者无法回答的问题。事实上教师可以根据有问不答的原则对几种情况的做具体处理。如对待学生应当能够独立解决但由于缺乏冷静思考、过于急躁而不能解决的问题,或者不是学生不能解决,而是因为怕动脑筋而不去努力解决的问题,教师应该鼓励学生依靠自己的力量自主解决问题。如有学生提出的问题是"什么叫形而上学?"这类问题在教材中有现成的答案,学生通过阅读在教材中可以发现答案,但是由于学生缺乏阅读课本或者学生因阅读课本不认真而产生了疑问,教师也可以针对这种情况鼓励学生在多看书和认真看书的基础上,自主在书本中归纳、概括和总结出答案。有问不答的第三类情况是学生提出的问题超出了教师现有的知识和能力能够达到的高度,或者是按照学生目前的知识水平是根本无法解决的,这类问题教师无论能否解决都要拒绝回答,否则就会因产生一知半解的认识导致误导学生,或者导致学生好高骛远,自吹自擂,忘记自己是天下老几了。可见,坚持有问不答的原则,有利于调动学生自主探索的积极性,培养和提高学生自主分析问题、解决问题的能力;也有利于培养学生坚持实事求是的科学态度。当然,这种有问不答并不是教师的素质不高,或者对学生不负责任,而是为了督促学生养成良好的学习习惯,促进学生的自我完善。

教师解答学生提出的问题不是教育教学的目的,教师答疑的目的在于引导学生形成一种更高的能力,能够提出更新的问题,形成新的观念。爱因斯坦说:"提出一个问题往往比解决一个问题更重要,因为解决问题也许仅是一个数学上的或实验上的技能而已。而提出新的问题,新的可能性,从新的角度去看旧的问题,却需要创造性的想象力,而且标志着科学的真正进步。"因此,教师在解答学生质疑提问时无论是有问不答、有问必问还是有问必答,都需要注意讲求策略,既要保护学生的问题意识,又要培养学生的自主探究精神,从而实现素质教育的目标。

结语

师者,传道授业解惑也。在教学过程中,需要教师通过"鱼渔双授"引导学生发挥勇于探究的精神,克服重重困难,不断推动认识和思维的进步与发展。而学生要达到"鱼渔双获"的良好效果固然离不开教师的积极引导,但更重要的是需要学生自主开发自己的思维,不断提升自己的学习力。"鱼渔双授""鱼渔双获"的教学模式,让学生逐渐摆脱对老师和网络的依赖,能够独立思考、自主研究蔚然成风,学习力也普遍提升,在近几年高考中,W老师所教的班级在全市同类学校中名列前茅。研究过程中生成的许多有价值的问题,引发了W教师更深入的思考,对这些问题的研究也促成了W老师在专业上的更快更好发展,他的系列论文在国家核心期刊发表,并被人大复印资料转载,他的课堂成为学习为中心的课堂典范,备受广大同仁推崇,他本人在全省新一轮特级教师评比中脱颖而出,晋升为当之无愧的学科专家。

案例思考题

(1) 什么是"鱼渔双授"?请指出自主学习与他主学习有哪些差异?你会鼓励学生自主学习吗?请说明理由。

(2) 在组织课堂教学过程中,你会选择让学生"带着不懂"回家吗?请运用对立统一观点分析你的观点。

(3) 从W老师在答疑和错误运用的案例中你有哪些收获?W老师的收获说明了什么?

(4) 实施"鱼渔双授",鼓励学生自主学习,通过会学达到学会的目标有哪些意义?

案例使用说明

1. 适用范围

适用对象:中小学思想政治教师、思想政治教育专业学科硕士、思想政治教育专业师范本科生。

案例八 "鱼渔双授"与师生双赢

适用课程：政治课程与教学论、学校思想政治教育、政治课教学设计与案例研究等。

2. 教学目的

（1）学会运用相关的学习理论分析并解决学生不会学习、学习力不高等问题。

（2）教师备课需要站在学生的立场和角度，对学生状况进行调研和分析，对学生提出的问题采取相应的对策；设计错误的问题解开学生心中的谜团。

3. 要点提示

（1）相关理论

教师发展理论：教师的专业发展对教师的教学效果会产生深刻的影响，教师必须专注个人的专业发展，从而不断超越自己。

教学理论：积极加强师生互动，运用行为主义学习理论通过"刺激－反应－强化"促进教学目标的实现。

马克思主义哲学：对立统一的观点充满思辨思维的理性精神，促进教学中存在问题的解决。

（2）关键知识点

将备课和教研的重点放在激发学生自主学习上来，在分析学生的基础、特长以及个人的后天努力情况，有的放矢地采取措施促进学生学习力的提升。

（3）关键能力点

学生成功的关键不仅仅在于取得优异的成绩，还在于学生采取了何种方式获得优异的成绩，我们的评价标准应该实现从学会向会学转变，应该从学习力的角度评价学生。

（4）案例分析思路

采取综合与分析的方法，分析新课程下对学生学习力所提出的更高的要求，教师需要改变仅限于教知识，教技巧，让学生在教师的包办代替之中丧失自主学习能力的传统教学方式。

4. 教学建议

参见"案例三"。

5. 推荐阅读

[1] 庞维国. 自主学习：学与教的原理和策略[M]. 上海：华东师范大学出版社，2003.

[2] 吴牧天，吴甘霖. 管好自己就能飞[M]. 北京：接力出版社，2013.

[3] 李晓鹏.学习高手的三驾马车[M].北京:中国城市出版社,2010.
[4] 吴甘霖.方法总比问题多[M].北京:机械工业出版社,2006.

案例九

基于核心素养的评课实践

摘　要:评课是学校教学常规工作重要的组成部分,尤其在以解决教学实践中的实际问题的校本教研中运用广泛。评课是教师的一项教学基本功。评课能力的高低,是一位老师除课堂教学能力外专业水平的综合体现。

关键词:基于核心素养　评课

背景信息

Y市F中学是一所省三星级高级中学,该校政治教研组共有教师8名,其中初级职称2名,中级职称3名,高级职称2名,正高级职称1名。大部分为中青年教师,为了促进和引领青年教师的专业成长,该教研组在副校长、市名教师、正高级教师的引领下,开展了丰富多彩的研修活动,其中听评课为常规项目。在新课程新高考的背景下,如何通过听评课提高教师的专业素养,将政治学科核心素养落地落细落实?该教研组分课型分主题进行系列教研活动,在民主和谐的氛围中,老师们各抒己见,畅所欲言,评课能力和专业水平普遍(均)得到发展和提高。

案例正文

一堂政治复习课《走进国际社会》评课活动记录

时间:2018年10月20

地点:Y市F中学教研活动室

主办单位:F中学高中政治教研组

主持人:教研组长L老师

一、学科带头人 D 老师作《如何评课》微讲座

评课是学校教学常规工作的重要组成部分,尤其在以解决教学实践中的实际问题的校本教研中运用广泛。评课是教师的一项教学基本功。评课能力的高低,是一位老师除课堂教学能力外专业水平的综合体现。

(一)科学的评课基于对课堂教学的科学认识

认识一:教无定法,课有共性。所谓教无定法,是指课堂教学总是随着教学内容、学情、时空环境不断发生着改变,从这个角度讲,课堂教学不可复制。如果因为"教无定法",就认为课堂教学是不可评价、变幻莫测的,这就陷入了神秘论与不可知论,是不可取的。因为课有共性。

认识二:课堂教学是科学。无论什么课堂,它总是围绕着学生成长,是教师、教材、学生、媒介、环境各要素的有机组合,组合越优化,课堂越高效。所以,课堂教学有基本的原则与规律。从这个意义上讲,课堂教学是科学。

认识三:课堂教学是艺术。课堂教学总是充满遗憾,不管多么成功的课堂总是有继续提升、完善的空间,没有最好,只有更好。这是所有艺术创作的共性。精彩生动的课堂,总是能给人强烈的感染,学习的过程如沐春风,给人以美的享受。所以,教学是艺术。

认识四:一堂好课没有绝对的标准,但有基本的要求:① 好课是朴素的。课堂教学是师生一道共同追求真、善、美的过程,在不影响教学效果的前提下,越简单的教学才是越有效的教学。简单的就是朴素的;没有刻意的表演与矫情,不做作,不花哨,真实的就是朴素的;现代教育技术的运用是恰当的,没有眼花缭乱,喧宾夺主。② 好课是高效的。效果的好坏高低,是以教学目标的达成度来衡量的。在学生能够消化吸收的前提下尽可能地实现课堂的大容量,让学生学到更多更好的知识,最大限度地实现所有学生都在原有基础上得到发展,无论是知识的学习、能力的培养还是情感的感染熏陶,都有收获、有进步。③ 好课是生动的。生动的课堂总有贯穿始终的师生互动。学习的过程是一个师生、生生交流的过程,总是离不开引导、提问、质疑、讨论等双边、多边活动。④ 课堂是灵动的,而不是死水一潭。生动的课堂总是充满智慧的启迪。注重掌握知识的过程,让学生学会学习是新的课程要求里最核心的要求。激发兴趣,引导思维,质疑释疑,发现规律,得出结论,整个教学过程虽然有张有弛,最精彩的莫过于学生的自我探究与思想碰撞中擦出智慧的火花。生动的课堂总能产生情感的共鸣。老师讲得枯燥乏味,学生听得昏昏欲睡,这就是

很多传统课堂的"灌输",没有情感的共鸣。学生随教学内容同悲同喜,师生因对方的精彩互相感染,老师总是充满激情,学生听得两眼放光,冷不丁还冒出些预料之外的想法,这样的课堂才是生动的,才有生命的张力。

(二)评课的一般要求

(1)懂得欣赏。每堂课都有闪光点,或者表现在老师,或者表现在学生。能够说出一堂课的到底好在哪儿,有时甚至超出了授课老师自己的设计初衷。

(2)学会诊断。课堂如有处理不当,病因在哪?如没有完成教学目标,是教材把握的问题,还是没有切合学生来进行设计?是教法选择的问题,还是课堂结构没处理好?

(3)给出建议。相同的内容有不同的上法,如何做得更好。

(三)针对有效课堂的常用评价指标

(1)学生学习的自主性:预习效果看独学阶段的自主学习,小组合作看没有老师指导下的自主探究,课堂展示如何用恰当的方式展示理解知识的过程并展现出自我与小组的风采。

(2)掌握知识的过程性:基础性知识(经验、相关链接)如何准备,如何找到新旧知识的连接点,如何把自己的想法表达清楚,小组学习怎样分工合作,等等。

(3)教学目标的达成度:既有各个教学环节的分解目标,又有本节课的整体目标,还有学年目标在本节课的体现。

(4)课堂的组织与技巧:课堂各环节的组织架构,关节点上的语言组织,适时调控课堂节奏,前台后台的时机把握,小组展示中的适时评价与穿针引线,等等。

此外,注意要避免空洞的套话式评课,要讲究评课礼仪:① 尊重是前提;② 实事求是,不虚伪地拔高,不恶意地贬低,既要利己,也要利人;③ 有准备地发言。

(三)基于核心素养的听评课应着重解决的问题

在新课标新高考的背景下,基于核心素养的听评课,应实现以下几个方面的转变:

(1)在目标预设和达成方面,要从关注三维目标转变到关注核心素养。思想政治学科核心素养是三维目标的升级版,根据《普通高中思想政治课程标准(征求意见稿)》的表述,包括政治认同、科学精神、法治意识和政治参与四个方面,在听评课活动中应当更多地从这四个方面评价教师关于目标的预设和达成情况。关注核心素养,不仅要关注思想政治学科核心素养,还要关注更上位的学生发展核心素养。学科核心素养和学生发展核心素养两者有一致性,但不是等同的。归根结底,要更加关注这门课程的育人价值。听每一节课,都要想一想,这节课这么上有没有育人价值?有什么育人价值?还是只有"育分"价值?要从"育分"到育人,关注育人价值。其实关注核心素养就是关注育人的价值。

(2) 在选择什么样的内容来达成目标方面,要实现从关注学科概念到关注核心概念和跨学科概念的转变。

过去老师们都非常重视概念,不分大概念、重要概念和次位概念等,一节课下来,往往重点不突出。要从这个情况转变到关注学科核心概念,同时还要关注跨学科概念。政治学科核心素养是综合性的,跨学科概念对于学生形成核心素养非常重要。思想政治课教学要在夯实学科核心概念的基础上,适当地关注跨学科概念。听评课活动中,要关注执教教师是否重视了学科核心概念和跨学科核心概念的教学。

(3) 在通过什么样的教学活动来完成教学内容方面,应该从关注探究转变为关注探究与实践。

① 探究主要是要解决"是什么"和"为什么"的问题,是关于现象的一种解释;看到一种现象,想知道是怎么回事,就去探究一番,探究后获得的是知识,是对现象的解释,是新的概念、新的理论、新的观点,这是科学层面的东西。而实践主要不是满足人类的好奇心,它是要解决现实生活中需要解决的实际问题。实践育人是教育部明确提出的一个要求,而实践也是提升核心素养的一个重要途径。所以,思想政治课教育在重视探究的同时也要重视实践。比如有的学校在学习经济模块的内容时,成立了学生公司,公司里有总经理、市场销售人员、财务人员等,都是学生兼任,在学校里开展模拟公司的一系列活动,包括研发、生产、包装、营销等,这对于提升学生的创新和实践能力是非常重要的。

② 在教学方式方面,需要转变的可能更多,以下两个方面极为重要。

一是在情境创设方面,要实现从关注作为导入环节的情境设计到作为问题解决型学习任务的真实情境的转变。过去我们评价一堂课的情境创设怎么样,往往看导入环节是不是设计得巧妙、生动,是不是能够引起学生的兴趣。按照核心素养的要求,作为情境创设要尽量真实。所谓真实,就不应是虚构出来的,而是在现实生活中真实存在的。

二是从关注释疑解惑到关注激疑生惑的转变。原来关注教师的释疑解惑,而按照核心素养的要求,我们要培养学生的创新精神、批判性思维等,仅释疑解惑是不够的,必须要让学生产生疑问、提出问题,然后去分析解决问题。怎么去激疑生惑?目前还做得很不够。一节课下来,往往是教师满堂问,学生只是被动地应付。齐问齐答的状况非常普遍,但这不符合核心素养的要求。能不能让学生在更多思考的基础上提出问题?应该是听评课重点关注的。

(4)在教学评价方面,听评课要实现从关注评价的促学功能,到关注评价的育人功能的转变。

原来我们各种评价的目的都是进一步发现学生在学习上存在的问题,促进学生的学习,这显得比较局限,视野还不够开阔、境界还不够高。按照核心素养的要求,应该更加关注评价的育人功能,通过评价去育人,老师在评价的时候不能仅仅关注他对知识掌握得怎么样,要关注他在情感方面、观念方面、思维方面的表现。如果老师做到了这点,那就是他关注了育人功能。

二、执教者 W 老师谈教学构想及反思

本节课我以当前最热门的时政话题"中美贸易战"为切入口,且将中美关系作为主线贯穿整课的始终。

(一)教学构思

首先,用中美贸易战作为导入,然后让学生了解中美除了有贸易摩擦之外,美国近期对中国还有一些其他举动:如对台军售、南海"航行自由"行动。

设计第一个问题:

思考1:对于美国售台武器,美军在南海"航行自由",中国政府、军队表示强烈不满和坚决反对,并向美方提出严正交涉。请运用主权国家的相关知识予以说明。

引导学生回忆关于主权国家的知识模块。以时政素材引出问题,快速梳理主权国家的相关知识。根据试讲时学生的反映,学生对主权国家的权利有点吃不准,我就再现教材对主权国家四项权利的含义和表现,又追加了一道综合性的选择题,让学生讨论分析每个选项能或者不能选的原因,以达到让学生巩固易错点的目的。

其次,通过中美贸易摩擦这条主线,又构建了近期国际社会上几个有影响力的大国之间的关系,如图1所示。

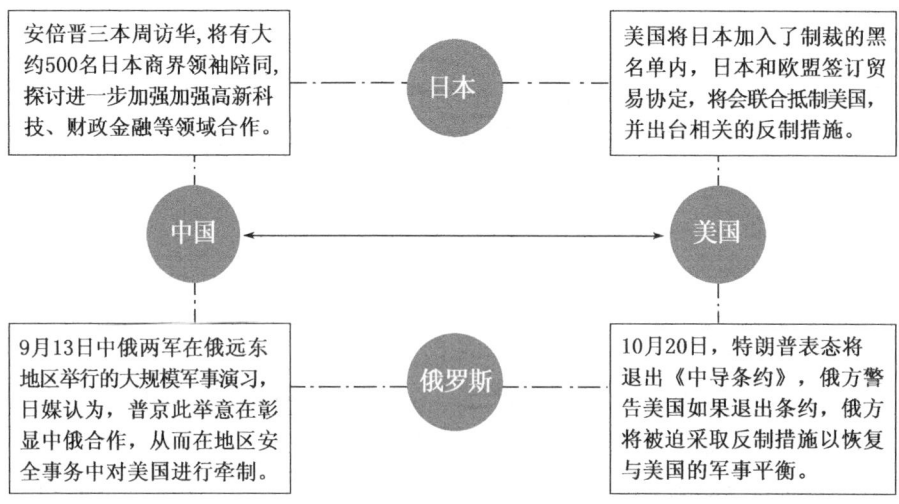

图 1 大国关系

设计一连串的问题:

思考2:依据材料从国际关系的内容和基本形式的角度说明国家关系的复杂性。

思考3:这几个大国之间分合聚离的原因是什么?

思考4:请以国际关系观察员的身份对未来这几个大国关系的走势进行大胆预测和推断,并运用国家利益的相关知识说明理由。

三个问题层层推进,分组让学生利用书本知识分析材料,培养学生分析问题解决问题的能力。在学生做了精彩的推断和预测以后,紧接着追问。

思考5:面对如此错综复杂的国际关系,你认为中国政府应有怎样的智慧?为什么?

引导学生分析我们为什么要坚定不移地维护我国的国家利益,以及如何维护我国的国家利益。

再次,进行课堂小结,让学生构建本课的思维导图,以达到提升学生总结概括所学知识的能力。

因为本节课是一轮复习课,所以课堂小结后安排了思维拓展。

播放视频

美国"退群"	中国"朋友圈"
跨太平洋伙伴关系协定（TPP）、巴黎气候协定、联合国教科文组织、联合国人权理事会、伊核协议、万国邮政联盟、《中导条约》。	中国东盟自贸区、上海合作组织、亚投行、亚洲博鳌论坛、中非合作论坛、74个国家和国际组织与中方签署了"一带一路"合作文件……
理念：要服从于"美国利益优先"，实现美国利益最大化。	理念：坚持以共商共建共享为原则，构建人类命运共同体。

思考问题：

（1）运用国际社会的相关知识，说明"美国利益优先"思维与"构建命运共同体"意识的不同之处。

（2）运用矛盾观的相关知识，说明正确应对中美贸易冲突，妥善处理中美关系应有的理性思维。

为了节省时间，学生分组讨论两个问题，在充分讨论的基础上让学生迅速写下答题思路，请代表上台发言，并请其他同学对代表的发言进行点评、补充。

最后，教师总结发言，对学生的答案进行肯定，提议还可以从其他角度加以补充，布置学生课后搜集相关素材，运用其他所学模块的知识进一步深入思考。

教师结束语：

拿破仑有句名言："世上有两种力量：利剑和思想；从长而论，利剑总是败在思想手下。"今天，我们不能身体已进入21世纪，脑袋还停留在冷战思维的老框框里。人类命运共同体的思想完全可以胜过利益冲突的利剑，以新思维作引领，我们才可能争取到一个更美好的未来。

（二）教学反思

（1）在教学案例的选材上，坚持把国家大事和学生兴趣相结合，既让学生了解国内外时事政治，又增强学生参与政治生活的能力，培养学生的公民意识。

（2）在设计上突出集体教学，培养学生的合作意识和合作能力。

（3）注重对教材知识的归纳总结，指导学生回顾教材主线，自主构建知识体系，培养学生的总结概括能力。

（4）注意教师课堂结束语的设计，让本课达到思想上的升华，以培养学生树立正确的情感态度价值观,培养学生共同体意识和仁爱之情,树立家国情怀。

（5）学生的潜能是我们无法想象的,因为本次课是借班上课,课前没有跟学生做任何沟通和预演,但学生的课堂表现精彩纷呈,让我深深体会到:学生的精彩才是课堂上真正的精彩。

（6）感谢我们高中政治组的所有同仁,在备课期间,各位同仁群策群力、贡献智慧,感谢大家对我多方面的关注、关爱和关怀。

（7）"教学永远是一门遗憾的艺术",当我进行教学反思的时候,总会觉得还有一些不足和遗憾:没有真正做到把课堂还给学生,让学生成为课堂真正的主人;没有真正让课堂由以教为主变成以学为主;没有真正让课堂由学生配合老师转变成老师配合学生;有些教学环节的设计、题目的设问还有待进一步推敲。

我想只有在今后的教学实践中不断地弥补这些不足和遗憾,才会使我们的教学水平不断提高。

三、听课老师点评

(一)青年老师点评

张老师:王老师的课充分发挥学生主体作用,学生充分展开讨论交流,然后用演讲的形式呈现自己的观点。在课堂上,紧密联系时事政治,引导学生运用书本观点分析时政材料,锻炼提升学生阅读材料、分析问题、解决问题的能力。同时,王老师还注重知识点的整合,以典型事例为切入口,整合不同模块的知识点,培养学生形成整体知识,提升综合分析能力。在情感、态度和价值观上,王老师还引导学生进一步认识中国在"一带一路"战略中的主导作用,坚定走中国特色社会主义和平发展道路;进一步认识中国作为负责任的大国在国际社会中发挥建设性的作用,认识到中国是构建人类命运共同体的领军力量。

李老师:王老师在本节课教学中能抓住要点,突出重点,突破难点;设置问题巧妙合理,便于启发学生思维;并且从本堂课中也反映王老师底蕴深厚,旁征博引,对学生的感召力、感染力、启发性强;王老师善于启发诱导,大胆肯定、激励学生,态度和蔼、教态亲切,亲和力强;学生学习的主体作用充分发挥,在课堂上能自主探究,自主发表见解,提出疑问;学习形式丰富,有自主探究、小组讨论、抢答展现交流,体现出很强的自主学习、合作学习的新课程观念;课件设计形象、直观,设计有利于凸现作者的观点,视频资料有利于拓展作者的观点,丰富学生的想象,对比性强,启发性强。总之,在本课教学中,教师充分发挥了教学中的组织者、引导者、启发者的作用,遵循了循序渐进的学习规律,创新性、愉悦性强。

陈老师:以中美贸易战这一热点为载体和主线,突出对学生思维的训练和能力的培养,做到了对知识教学的优化:知识问题化,问题结构化,问题情境化。复习过程中抓住了点线面的结合,重难点解决有创意,讲练结合,在巩固了基础知识、基本技能的基础上,充分挖掘了学生运用所学知识分析、解决问题的能力。这节课师生关系和谐,研讨氛围浓厚,学生思维的浪花被不断激起,形成一个个的高潮,让听课教师如沐春风,跟着上课教师的思维走,是一节轻松愉快的课。在对学生进行知识教学的同时,渗透了政治学科的核心素养,培养了学生的爱国情怀,是一堂美课。

周老师:非常有幸能听到王老师《走进国际社会》的一堂公开课,真是受益匪浅。整个课堂,王老师围绕教学目标组织课堂教学,语言组织细腻,很有亲和力。课堂环节紧凑,时间控制合理,各个环节的衔接如行云流水,水到渠成。紧扣时政热点,以中美之间的贸易战导入新课,中美等贸易关系的相关材料贯穿于整个课堂,一材到底,课堂教学思路清晰,基础知识复习扎实,精讲精练,能够引导学生深层思考,设置的问题层层递进,问题的讲解深入到位,有效提高学生分析问题、解决问题的能力。学生课堂参与度高,教师的课堂评价适时恰当,激励性指导性强,充分发挥教师指导作用,体现学生的主体地位,是一堂非常好的公开示范课。

(二) 资深老师点评

曹老师:这节课是高三的一节复习课,本节课的设计新颖,课堂容量大,课堂结构合理、顺畅、连贯,是一节很成功的课。其特点有以下几点:

(1) 关注时政热点,课堂容量大。本节课选用的材料紧扣时代热点,选用了中美贸易战、美军对台军售、美军"南海航行自由"、美国退出《中导条约》等热点素材,突出了思想政治学科紧扣时代热点的特点。

(2) 问题引路,培养学生核心素养。整节课设置了许多有较高思维度的问题,引导学生从多个角度思考,提高学生的学科素养。

(3) 贯彻新课改理念,探索合作学习。整节课始终贯穿体现着"互动、合作与探究"的课堂教学模式,师生互动、生生互动、生本互动的课堂探究意识浓,突出以学生为主体、教师为主导的理念。

(4) 讲练结合,夯实基础。本节复习课较好地解决了基础与能力之间的矛盾,注重学生能力的提升,又夯实基础。

万老师:王老师的这节课"有序"、"有生"、"有色"、"有效"。

(1) "有序"体现在:① 教学结构有序。基本上是知识梳理——跟踪演练或拓展思考结合。② 设计情境有序。整个课堂紧扣国际关系主题,围绕中美贸易摩擦设置三段情境,层层递进深入剖析。③ 设计问题思维含量高。本节课设计三个思考题:请以国际关系观察员的身份对未来这几个大国关系的走势进行大胆预测和推测,并运用相关知识说明理由;运用国际社会的相关知识,说明"美国利益优先"和"构建人类命运共同体"意识的不同之处;运用矛盾观的相关知识,说明正确应对中美贸易冲突,妥善处理中美关系应有的理性思维。这些问题综合性较强、思维能力要求较高,有利于引导学生高质量的思考和探究,启迪、开拓学生的思维。

(2) "有生"指有生成。特别刚才提到的几个思考题,学生的回答很精彩。使得课堂预设与生成融为一体,很精彩。

(3) "有色"是指王老师的课有鲜明的教学特色。彰显了个人魅力和教学风采,有自己独特的教学风格,在坚持科学性的前提下,富有艺术性和创造性。

(4) "有效"指教学效率高、效果好。本节课特别注重前后知识的联系、跨模块设置思考题,重难点讲练结合,较好地实现了一轮复习课知识覆盖、思维能力提升、核心素养的培养等目标。

朱老师:王老师的这节课无疑是成功的。这课的成功一方面是因为王老师具备较高的专业素养,能够自如地驾驭课堂活动;另一方面还在于颇具创意的教学设计,为王老师的精彩演绎奠定了基础。王老师以"中美贸易战"为线索串联起三个教学环节,使得教学过程整体性强,一气呵成、浑然一体。

(1) 环节一将远离学生生活的"国际社会"转换为学生熟悉的生活场景,不仅有利于抽象知识的生动化、具体化,还可以激发学生的兴趣,吸引学生进入学习情境,积极参与课堂活动。王老师结合具体情境设置问题,引导学生概括出国际社会的相关知识,这一设计符合认知发展规律,有利于培养学生比较、归纳的能力。

(2) 环节二是突出教学重点,突破教学难点的关键部分。王老师以中美贸易为主线,通过图片、视频材料和文字材料,呈现多国关系从竞争、冲突到合作的变化过程,并以此构建问题情境,引导学生剖析现象,探究国家利益是如何影响国与国之间相互关系的。在这一过程中,学生模拟国际关系观察员的设计增加了课堂教学的趣味性,又增强了学生的"角色代入感",使学生更投入、更积极地参与课堂探究活动,在课堂上学生条分缕析,娓娓而谈,展现出良好的思维品质。

(3) 环节三的设计是对这节课所学知识的运用,既是情境回归,也是逻辑升华。通过这一环节的教学,使学生理解世界各国谋求自身发展不仅要维护本国利益,还要兼顾他国合理关切,从而加深了对习近平提出的"人类命运共同体"理念的理解与认同,有利于培养学生具备世界眼光。

整堂课所有结论,均通过教师基于情境巧妙设置的问题的引导,经由学生自主探究、合作探究得出,充分尊重了学生主体地位。微信"朋友圈"的创意,使他们广泛深入地参与课堂活动,提高了学习效率。整堂课渗透了爱国主义教育,引导学生深入理解"人类命运共同体"的理念,较好地培养了学科核心素养,实现了学科的核心价值。

(三) 名师Z老师点评

目前,高三政治一轮复习正在紧张、有序地进行,优化课堂教学结构和模式,最大限度地提高一轮复习的实效,是每位教师都热切关心的问题和孜孜以求的目标。下面我就我校王老师开设的面向全省的对外大型公开课(以下简称为"本课")《走进国际社会》为例,就新高考背景下如何提高高三政治一轮复习的实效性谈谈自己的思考,即坚持"五个优化"。

1. 优化课堂导入——突出一个"巧"字

课堂导入是一节课的开始,应当自然、巧妙、贴切,这样不仅能顺利地引入本节课教学,而且能很好地引起学生的有意注意,激发学生的学习兴趣,为上好本节课开个好头,打下基础。所以,我们对课堂导入要十分重视,认真琢磨、研究导入的方式,导入的方式有很多,效果比较好的是典型材料导入,就是利用时政材料、诗歌、寓言、故事、漫画、歌曲、小品、名人名言等作为素材,提出问题,设置悬念,在此基础上导入新课,无论是新授课还是复习课都可运用。本课紧扣国际时事,以最新的日本首相安倍晋三访华这一时政导入新课,一下子激发了学生的学习兴趣,为本课顺利展开营造了十分和谐的学习氛围。

2. 优化体系构建——突出一个"精"字

构建知识体系,对于新授课和复习课来说都很有必要,对于复习课而言更加重要。它可以帮助学生获得对知识的整体性、全貌性、结构性的认识,也便于学生深入理解、快速记忆所学知识。一般而言,复习课构建体系的方式有两种:一种是在上课时由学生自主构建,以发挥其主观能动性;另一种是教师在讲解、提问、互动的过程中进行构建。但无论何种方式,体系的构建都要突出"精"字,精炼、精要、精当,高屋建瓴、提纲挈领、易于把握。本课采取第二种方式,全课复习完形成如图2知识体系。

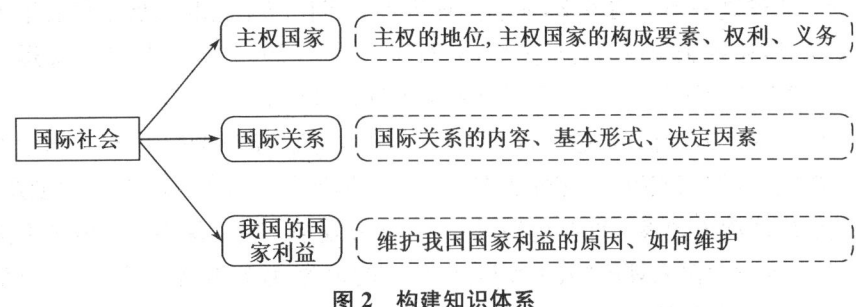

图 2　构建知识体系

3. 优化情境创设——突出一个"新"字

《普通高中思想政治课程标准》(2017年版)在"教学与评价"一部分明确指出,本课程内容涉及哲学、经济学、政治学、法学等学科,具有较强的综合性,应力求见诸相关情境的创设,提供综合视点,提升综合能力,提高教学效率和效果,这是新课标对我们教学提出的刚性要求。有人认为,政治新授课需要创设情境,复习课则可有可无,这种观点是不对的,无论何种课型,我们都需要有意识地依据教学内容创设一定的情境,这样才能激发学生的学习兴趣,有效地推进教学,将高深的道理生活化、将难懂的知识浅显化、将抽象的理论形象化,收到良好的教学效果。当然,我们在创设情境时要注意"新"字,做个有心人,紧随时代步伐,密切关注国际国内时政热点,选用新材料、新事件、新现象,充分彰显政治课理论联系实际的特点,使政治课教学充满时代气息。本课围绕"走进国际社会"这一新颖话题精心创设了四段情境:

情境一:2018年9月25日,美国政府通知国会,计划向台湾地区出售总值约3.3亿美元的武器装备,中国表示强烈不满和坚决反对,已就此向美方提出严正交涉。

情境二:2018年9月30日,美国海军"迪凯特"号导弹驱逐舰在南海巡航过程中进入中国岛礁12海里以内的水域航行,实施其所谓的"航行自由"行动。中国政府和军队表示强烈不满和坚决反对,并向美方提出严正交涉。

情境三:9月13日中俄两军在俄远东地区举行的大规模军事演习,日媒认为,普京此举意在彰显中俄合作,从而在地区安全事务中对美国进行牵制。10月20日,特朗普表态将退出《中导条约》,俄方警告美国如果退出条约,俄方将被迫采取反制措施以恢复与美国的军事平衡。

情境四：在中美贸易争端背景下，中国经济中存在的一些结构性、深层次的问题暴露出来，核心技术被卡脖子、金融安全存在风险、国内社会存在的危机等问题，已经给中国敲响了警钟。要解决这些问题，只能靠更深刻的改革、更大力度的开放，解决深层次矛盾，在"危"中找到新的增长之"机"。

这几段情境有机联系、环环相扣、层层递进、一气呵成，架起了本课的"魂"与"骨"，令学生身临其境、兴趣盎然、回味无穷。当然，受时间、精力所限，每节课都围绕一个话题创设几段情境相对比较困难，可以选择2~3则典型材料创设情境。

4. 优化问题设置——突出一个"活"字

课堂提问很重要，问题是思维的起点，也是思维的动力，课堂上没有问题，必然是满堂灌或者是教师一个人唱独角戏，扼杀学生的思维火花，使课堂教学丧失应有的活力。现在不少课堂不是没有问题，甚至课堂问题满天飞，但往往不是偏难偏怪，就是偏于简单，学生经常感到无所适从，教师也经常感慨学生回答不出自己想要的结论。我认为，复习课课堂上设置的问题不能过于简单，要有一定的灵活性、思维度，易于激发学生的求知欲望和探究热情，并让他们"跳一跳够得着果子"。本课在几段情境后紧跟着设置了几个问题：

(1) 对于美国售台武器，美军在南海"航行自由"，中国政府、军队表示强烈不满和坚决反对，并向美方提出严正交涉。请运用主权国家的相关知识予以说明。

(2) 思考：依据材料从国际关系的内容和基本形式的角度说明国际关系的复杂性。

(3) 请以国际关系观察员的身份对未来这几个大国关系的走势进行大胆预测和推断，并运用国家利益的相关知识说明理由。

(4) 运用国家利益的知识，面对如此错综复杂的国际关系，你认为中国政府应有怎样的智慧？

这些问题具有一定的思维含量，不是一眼能看出的，但通过老师点拨、启发、引导，学生经过探究，能够自己得出结论。

5. 优化课堂训练——突出一个"实"字

课堂训练无论对于新授课还是复习课都是必不可少的环节，对复习课而言显得更为重要，没有训练，知识就得不到巩固、思维就得不到激活、能力就得不到拓展，因此教师要对课堂训练予以高度重视。我认为，课堂训练要做到

"实",实实在在,不搞噱头,不采华名,最好采用即讲即练的方式,也就是在重点、难点、易错易混点一讲完就进行针对性的、点对点的强化训练,暴露学生思维缺陷,加深基础知识理解,渗透解题方法指导,这相比较整堂课结束后进行集中性训练,对学生的刺激更到位,使学生对知识的把握更深刻。本课在介绍了主权国家的基本权利后,跟踪演练一道原创的选择题,以让学生区分这几个权利:

主权国家在国际社会中享有多方面的基本权利,下列基本权利与主权国家行为对应正确的一组是

A. 平等权——中国对也门人道主义形势深表关切
B. 独立权——外交部表示中国有权划设防空识别区
C. 管辖权——中国在西沙群岛的永兴岛上部署导弹系统
D. 自卫权——中国对在广东贩毒的日本籍毒贩依法判处死刑

出示美国"退群"和中国"朋友圈"扩大的材料后,又提出两个问题:

(1) 运用国际社会的相关知识,说明"美国利益优先"思维与"构建命运共同体"意识的不同之处。

(2) 运用矛盾观的相关知识,说明正确应对中美贸易冲突,妥善处理中美关系应有的理性思维。

通过这两道题的讲解,不仅深化了学生对国际社会知识的理解,而且激活、带动了矛盾观的相关知识,从而把思维引向了深入。

需要强调的是,要做到"五个优化",提高复习实效,并非易事,需要我们在教学研究上多花功夫,花大功夫。一要研究新课标,二要研究新教材,三要研究近几年高考试卷,揣摩新思路、把握新变化、明确新要求,以更好地指导复习迎考,使课堂教学和命题、训练更有针对性、更具科学性、更显实效性。

案例思考题

(1) 什么是评课?评课具有哪些功能?有效的评课应遵循哪些原则?

(2) Y学校高中政治教研组此次的评评课你对哪位教师的评课思路最为认同?请阐述理由。

(3) 有人说,"教无定法",因此,如何评课也无一定之规,见仁见智而已,对此你怎么看?

(4) 请比较评课与议课之异同。

**案例使用说明**

1. 适用范围

适用对象:中小学思想政治教师、思想政治教育专业学科硕士、思想政治教育专业师范本科生。

适用课程:思想政治课程与教学论、学校思想政治教育、政治课教学设计与研究等。

2. 教学目的

(1) 学会运用教学理论分析诊断并解决教学中存在的实际问题。

(2) 学会通过个人反思与同伴互助促进个人成长与专业发展。

3. 要点提示

(1) 相关理论

教师发展理论:教师的专业发展对教师的教学效果会产生深刻的影响,我们需要苦练内功,依靠集体的智慧和集体的力量提高和完善自我。

教学理论:对话教学、建构主义理论。

马克思主义哲学:用联系的发展的观点看问题,坚持具体问题具体分析。

(2) 关键知识点

在备课和教研中着重突出教师对课堂预设和课堂教学实施的分析和理解,突出教师对课堂建设的建设性意见。其结果不仅在于展示一节成功的课堂,还在于发展一批卓越的教师。

(3) 关键能力点

运用教师发展理论,明确教师的素质与课堂教学质量之间的关系,理解评课教研对教师个体成长与集体发展的重要意义。

(4) 案例分析思路

4. 教学建议

参见"案例三"。

5. 推荐阅读

[1] 余文森. 有效备课上课听课评课[M]. 福州:福建教育出版社,2010.

[2] 顾志跃. 如何评课[M]. 上海:华东师范大学出版社,2009.

[3] 陈大伟. 怎样观课议课[M]. 成都:四川出版社,2006.

[4] 詹姆斯·波帕姆(W. James Popham). 教师课堂教学评价指南[M]. 重庆:重庆大学出版社,2006.

案例十

《男生女生》课堂教学观察实录

摘　要：为了贯彻落实 Y 市提出的"让学引思"教学理念，深入推进"生本课堂"的教改实践，Y 市 F 中学初中政治教研组以课堂观察的方式开展行动研究，对政治学科建设和政治老师的专业成长起到了很好的促进作用。一个完整的课堂观察由课前会议、课中观察和课后会议三部分构成。课前会议，主要由执教者说课，其他老师交流确定观察主题及人员分工，并根据观察主题制定观察量表；课中观察，各组按事先分工分散到观察点，观察并记录相关内容；课后会议，各组在对观察量表进行分析归纳的基础上对全组人员汇报观察结果，展开讨论，最后组长对各组意见进行汇总，然后对完善该课教学提出改进意见。关于《男生女生》一课的课堂观察实录，向我们全面展示了课堂观察的要求和操作流程，为广大政治教师学会更加专业地进行教学评价提供了一个鲜活的范本。

关键词：课堂观察　让学引思　生本课堂

背景信息

《基础教育课程改革纲要（试行）》要求，"创设能引导学生主动参与的教育环境，激发学生的学习积极性，培养学生掌握和运用知识的态度和能力，使每个学生都能得到充分的发展。"基于此"让学引思"教学理念应运而生，它是 Y 市对新课程理念实施的一种有意义的探索，旨在转变教师的教学方式和学生的学习方式。从探索到运用持续了三四年的时间，产生了积极的效果。具体到 F 中学政治学科，该校政治教研组研究发现可以通过"生本课堂"的教学策略来落实"让学引思"的理念。因为，"生本课堂"教学策略就是课堂教学面向学生的生活世界，在课堂教学中促进学生成长和生命完善与发展的策略。因此，政治组确定本学期的教学研究主要是运用课堂观察来完善发展"让学引思"理念指导下的"生本课堂"教学策略。

案例正文

任课教师:L老师
教学内容:七年级下册《男生女生》
课堂类型:"生本课堂"研究课
观察类型:专题式观察

【课前会议】 2018年2月22日

(一)L老师说课

各位老师,以下是我对本节课内容的分析:

1. 课题课型

本节课的主题是《男生女生》,课型是"生本课堂"研究课。理论依据是:初一的学生正处于青春期,无论从生理上还是从心理上讲都是不成熟的。在这一特殊时期男女生之间的交往既敏感又好奇又有点惧怕,异性同学之间的交往是一个倍感困惑的问题。而我校在"让学引思"指导下的"生本课堂",即"以学生自主学习活动为主,教师讲述为辅,学生活动在前,教师点拨评价在后"的范式,适合初一学生的心理发展规律,联系实际组织教学。采用学生参与程度高的讨论教学法、情感体验法。在学生讨论基础上,在教师启发引导下,动员全员参与,培养其自信心、主动性,激发其学习热情。引导学生从书本知识回到社会生活,学以致用,落实教学目标。

2. 教育教学目标

根据上述教材分析,考虑到学生已有的心理特征,制定如下教学目标:① 使学生了解男生与女生在心理等方面的区别,知道男女两性有各自的优势;了解异性交往的作用。② 使学生能够辩证地看待两性差异,正确认识异性,并能反思自己的言行,做异性喜欢的人。③ 通过学习,学生愿意与异性同学交往,尊重异性同学;珍视与异性同学的交往,从而能够把握好青春期的感情。

3. 教学过程

第一环节:导入新课

首先由动画《我是女生》导入。然后老师讲解:一个小女生用俏皮的歌声,唱出了自己对青春的感受与烦恼,"成长"给我们带来了不少烦恼。无论男生女生都会有的,那我们如何去消除这些烦恼呢?通过这节课的学习我们会学到一些解决这些烦恼的办法。接下来我们一起来学习新课:《男生女生》。

第二环节:讲授新课

活动一:认识男生和女生。学生自己说说男生有哪些优点,女生有哪些优点。通过彼此找优点的活动,引导学生认识异性的优势,同时可以检验彼此对异性的了解和接纳程度,为进一步的活动奠定基础。

活动二:情景表演。由一位男生和一位女生表演:"男生缝衣服和女生修桌椅,结果都受了伤。"从而使学生明白男女生各有自己的优势和弱点,在交往当中发挥各自的优势,弥补自己的缺点和不足。

活动三:"王婆卖瓜自卖自夸",男生女生说说自己的优点。通过这一活动使学生了解到异性之间的差异,从而澄清在现实交往中的一些弊端。

活动四:异性效应。看情景故事回答问题,在两次午餐中为什么会有不同的表现?这就是异性效应。然后看课本解释。通过这一活动使学生感悟到与异性交往是我们生活当中的重要内容,与异性交往可以使我们在性格、交际能力方面都会有所提高。提问:男女同学之间究竟该如何交往?

活动五:请你当小大夫诊断病情并开出处方。出示在生活当中出现的异性同学之间交往的一些事例,让学生来分析这些交往方式是否正确,他们应该怎样交往?通过这一活动使学生知道男女同学之间该怎样正常地去交往。

活动六:诗朗诵。

小结:通过本课的讨论,我们一起分析了男生与女生的心理差异,也进一步体会了在日常生活中男生与女生合作的必要性。我们应该重视与异性同学的交往,并在交往中努力做一个异性喜欢的人。

4. 我的反思

本节课内容与学生生活较贴近,学生应该比较感兴趣,尤其是学生表演部分,从以往的经验来看,应该会很精彩。但我担心在具体的"让学"和"引思"的部分环节的落实上很难摆脱"蜻蜓点水"的情况发生,如何将其落细落实,恳请各位同仁帮助指教。

(二)交流

G老师:"生本课堂"的"让学"就是让学生亲身经历学习过程,在时间和空间上保证学习活动正常展开和学习行为真实发生。课堂教学中要让时间、让空间、让机会、让活动。要让得主动,切合学生实际创设具体学习情境,让学生通过阅读、讨论、操作以及完成真实情境中的任务等活动学会自主学习、协作学习和探究学习。要帮助学生养成良好的学习习惯,掌握科学的学习方法,保持积极的学习状态,掌握充分的自主学习资源,主动参与学习活动的设计和实施。因此,我和T老师想观察学生是如何设计学习目标的。你看行吗?

L老师:很好呀,学习目标是以学情为基点的,不同的学习个体在课堂上的学习目标应该是有差异性的。学生自己定目标,会让学生找到学习的方向感、归属感。

T老师:为了便于我们更好地观察学生学习目标的设计,我想问问L老师,这节课学生主要有哪些学习目标呢?

L老师:学习目标的确立需课前考虑,多调查了解学生的学情、基础,多组织讨论;学习目标的呈现可以有基本统一的表达方式,也可以针对文本、生本特点选择不同的方式。这节课上的学习目标分为:基础性学习目标(共同目标)、发展性努力目标(个体目标)和阶段性发展目标三个方面。

Z老师:问题意识的培养是现代课堂的重要任务。传统课堂的弊端在于学生习惯于接受知识,不善于提出有价值的问题。"生本课堂"把"提问权"还给学生是对"让学引思"理念的积极实践,可以改善课堂对话文化,让学生敢问、会问、善问,课堂活力将不断增强。我想同C老师一起确定一个观察点——在"生本课堂"中学生如何利用素材资源设计问题。因为问题是教学的关键,如果问题设计得不好,会影响素材资源的充分利用。而学生在问题设计当中可能会存在表达不够清楚、指向不明确、设问过于宽泛等问题。

C老师:我想问一下L老师,学生设计的这些问题在课堂上的呈现方式有哪几种?不知道是不是便于我们进行观察与记录?

L老师:问题设计以学生为主,准备的时候我会参与,给学生一些建议。问题的主要呈现方式一是学生口述,但更多的是通过活动表现出来,课堂上的各种学生活动是课堂不断生成的有效催化剂。活动缺失的课堂缺少真正的活力。只有学生在课堂上活动起来,合作、探究、实践体验才成为可能。另外,对活动的要求是具体可行的,比如:对活动的发生要有预设;要突出主题,明确活动目标,让学生充分体验;对活动的评价要及时、适切;应该便于观察和记录。

Y老师:初中道德与法治课程的核心是帮助学生过积极健康的生活,做负责任的公民。从刚才L老师介绍的教学流程看,本课以男生女生日常交往这一生活情境为载体开展教学。应该说本课选用的材料比较多,学生活动很多,这样一种课型我们有点担心会不会变成一堂班会课,因此,我和H老师准备观察的角度是学生的学习收获,不知你觉得我们观察这个角度有没有必要?

L老师:"生本课堂"教学的关键是让学生自己小结课堂学习所得,并力求准确达到对知识梳理、概括、表达。引导学生在小组内讲学习收获,注重对典型发言的分析点评;学生交流收获的过程中力求使用具体可感的语言,切忌空洞无物。我很想知道这方面的情况,请你们帮我观察。

F老师:"生本课堂"教学的实质是把课堂还给学生,倡导学生开展自主、合作、探究和创新型学习,充分发挥学生的主体作用,但是教师的主导作用也是十分重要的。虽然在学生的准备过程中教师进行了大量的指导工作,但是课堂教学中教师又怎样更好地发挥其主导作用呢?因此,我和Y老师今天想观察的是"生本课堂"中的教师是如何引导的。L老师,我们想了解一下在这堂课中你准备如何发挥引导作用。

L老师:首先是我课前的指导,这是"生本课堂"能顺利开展的前提,在正式上课环节我的作用只是"适时介入",起穿针引线的作用,但是,如何适时介入我担心会做不好。

Y老师:L老师讲到"适时介入"的问题,我想教师适时引导在这两个方面是必须注意的:一方面在对材料进行分析时,学生理解和运用知识的准确性和综合性方面要适时地指导和提升;另一方面是在学生分析问题和解决问题遇到麻烦时,要给予方法的指导。

C老师:自由、民主、关爱、开放、和谐是我们新课程要倡导的课堂文化,也是我们"生本课堂"教学策略的初衷,课堂对话是承载课堂文化的重要体现。因此,我与T老师想通过观察"课堂对话",了解"生本课堂"教学策略的课堂文化。我们想问一下L老师你理想的课堂文化是怎样的?

L老师:我理想的"生本课堂"文化是平等、民主、自由、有序的。无论师生之间还是生生之间都应该是这样的关系。

X老师:L老师刚才提到的介入时间问题,大家帮着出出主意?

T老师:关于介入时间的问题,我想L老师一要指导学生精心选择材料,学会对素材的处理和整合;二是尽可能聚焦在《男生女生》的情感态度价值观的达成方面;还有在活动的过渡中,由学生自己进行衔接。但是,如果让学生自己进行衔接,那么教师什么时候介入其中进行适时的引导呢?

Y老师:教师引导并不一定在过渡的时候,其实中间如果需要介入也可以通过适当的方式介入引导。

X老师:我认为关于时间问题,L老师一定要重视。一是必须指导学生处理材料,教育学生"该放弃时需放弃";二是刚才F老师说的让学生直接过渡,还有L老师要事先考虑到时间来得及怎么处理和时间来不及又该怎么处理。

放弃该放弃的和灵活应对都是学生今后发展所需要学会的处事方式,也正需要我们教师的指导和培养。

Z老师:还可以告诉学生,他们的智慧和精彩不一定只限于在这一节课中体现,还可以在以后更多的机会中得到展示和发挥。

(三)确定观察点

X老师:本次围绕"生本课堂"教学策略的实施和完善,我们确定了五个观察点。其中,T老师和G老师是"让学生定目标";Z老师和C老师是"让学生设计问题";Y老师和F老师是"教师引导";D老师和S老师是"课堂活动";X老师和H老师是"情感落实",而我就进行总体观察。我们课堂观察的时间是2月25日下午3:00,地点在录播教室。

【课中观察】 2018年2月25日,下午第2节课

上课前5分钟,观察者提前来到教室,根据所选观察点确定观察的位置。上课的时候,观察者根据观察任务,运用观察工具分别进行观察和记录。部分观察量表如下所示:

(一)让学生定目标观察表

量表设计,T老师、G老师　　　　　观察维度:学生学习目标·层次/关联
研究问题:强化学生学习目标意识　　　观察者:T老师、G老师

目标展示 \ 目标设定		基础性学习目标	发展性努力目标	阶段性发展性目标	课标目标达成率
A组	学生参与率				
	目标达成率				
B组	学生参与率				
	目标达成率				
C组	学生参与率				
	目标达成率				
D组	学生参与率				
	目标达成率				

注:① 学生参与率应该是占本组人数的比例,在制定目标时本组学生真正有多少学生参与其中;② 目标达成率应该是通过上课展示、活动,最后组内学生占全班人数的比例。

(二) 让学生设计问题观察表

量表设计:Z 老师、C 老师　　　　　　　观察维度:学生学习·问题设计

研究问题:强化学生问题设计意识　　　　观察教师:Z 老师、C 老师

素材＼问题	问题设计					学生反应		其他
	问题表述	提出方式	与素材关联度	指向明晰度	目标层次	理解反应	应答反应	
素材 1								
素材 2								
素材 3								
素材 4								
其他								

注:① 问题设计的基本情况:提出:A. 预设　B. 生成;关联度:A. 紧密　B. 比较紧密　C. 不紧密;指向:A. 很明确　B. 较明确　C. 不明确;目标:A. 强化基础　B. 提升能力　C. 激发情感。② 学生对所提问题的反应,理解反应:A. 明白的　B. 不太明白的　C. 不明白的;应答反应:A. 即答　B. 思考后回答　C. 讨论后回答。

(三) 教师引导观察表

量表设计:Y 老师、F 老师　　　　　　　观察维度:教师教学·指导·机智

研究问题:更好地发挥教师的主导作用　　观察教师:Y 老师、F 老师

引导时机		引导理由	引导方式		引导功效	
			关键语言	非语言表现	功能	学生反应
导入						
课中	1.					
	2.					
	3.					
总　结						
其　他						

注:① 引导理由主要指学生处于需要指导的状态;② 引导功能中的功能主要有鼓励、新正、点拨、帮助、提升等作用。

（四）课堂活动观察表

量表设计：D 老师、S 老师　　　　　　　观察维度：课堂活动·体验
研究问题：通过活动让学习真正发生　　　观察教师：D 老师、S 老师

活动项目	活动预设	活动主题	活动目标	活动效果
合作				
探究				
实践				
体验				

（五）情感目标落实观察表

量表设计：X 老师、H 老师　　　　　　　观察维度：课程性质·目标/内容/评价
研究问题：加强情感目标的落实　　　　　观察教师：X 老师、H 老师

活动环节	课程内容	情感的变化		价值观的引领	
	男生女生	活动前	活动后	活动前	活动后
环节 1					
环节 2					
环节 3					
环节 4					
环节 5					

注：注意观察学生活动前后的情感变化和价值观的变化。

【课后会议】 2018 年 2 月 25 日，下午第 3 节课

（一）课后反思

L 老师：以"让学引思"为指导，紧扣"生本课堂"的策略，寓教育于活动中。创设一个个让学生能积极主动参与的教学活动，并立足于结合学生个人的经历、感受，使活动回归生活，寓教育于活动之中，注重学生情感体验和道德形成。学生通过角色体验、设想体验、行为体验等，表现出发自内心的感受、振动、共鸣与倾向，落实了"生本课堂"的教学策略。

首先,这堂课学生学习目标的设定层次分明,展示条理分明,有依有据;问题设计各具特色;活动的展示风格各异,呈现出良好的驾驭课堂的能力,作为老师,我真心为自己的学生感到骄傲和自豪!

其次,通过这堂课我更深切地感受到"让学引思"理念下"生本课堂"的魅力,"让"是把位置、时间、场所、机会,尽可能地让位给学生,让学生在疑惑、顿悟、建构的心理体验中学会学习,让学生主动地学习、创造地学习、幸福地学习,做学习的主人,享受成长的快乐,成为最好的自己,这是"生本课堂"策略最好的演绎。今天,我们学生对活动中的一组组镜头演绎得这么精彩和投入,这就是最好的证明。

再次,从课前大小组的充分合作到课堂四人小组的热烈讨论、出彩回答、热情鼓掌来看,也有了情感的收获与共鸣。在今天的展示课上,同学们能主动地回答问题,主持落落大方,参与度高,体现出学生的主体意识很强,敢于表现自己,并且课堂氛围与往常一样轻松、活跃,说明学生的心理素质也较好。学生在课堂上除了设问之外,还用追问等形式来探究挖掘,充分体现了学生的智慧和风采,在聚焦学生思维能力、价值形成、学习习惯的培养中,引导学生完成对知识的自主建构和自觉迁移,激发学生的生命活力,提升学生的思维品质和实践能力。

最后,还存在很多遗憾:如探究过程展开得不够充分,有些流于形式;课堂中生成的东西不多,特别是以前在课堂经常出现的质疑以及争论的现象没有出现,自己的介入和指导也不够充分,希望大家提出批评和建议。

(二)观察汇报

1. 目标设定组

T老师:我们的观察点是学生学习目标的设定。下面简单报告一下:第一,从各组目标设定的达成人数看学生的参与度。根据学生的目光、神态等方面的统计,学生在本组组长展示目标时,整个过程中专注倾听的有35人,占到了90.7%。第二,从参与讨论的人数和热烈程度看学生的参与度。全班40个人都参与了讨论,并将其他各组目标进行对比后完善本组目标。第三,从上课的效果看学生的目标达成率。在上课过程中做笔记有27人主动质疑,主动回答,这些方式增加了学生的目标达成率。第四,从组间合作与竞争的关系看,参与回答者有18人,其中主动回答者有13人,占全班学生的35.6%。总之,本节课学生的目标达成率非常高,而且通过各组之间的质疑,各组的目标都在不断地完善,最终超越了课标目标,这也是本课的亮点。在这里,我想问两个问题:一是学生制定的目标怎样与课标目标相统一?二是L老师在你平时上课时,是不是学习目标一直都由学生来确定,如果遇到学生设定目标偏离课标目标你是怎么做的?

大家议论后有这样两点认识:第一,对学生设定目标我是这样引导的,课前让学生结合《伴你学》提前预习,并据此小组讨论确定本组的学习目标,这样就确保学生目标的设定是在课标目标之内的;第二,这与我们这门学科的特点有关,七年级《道德与法治》重点在培养学生情感态度价值观,知识性的目标很少,这就为我放开手让学生设定目标提供了便利,我只要保证正确的"三观"引导就可以了。本次课堂教学采用的是"让学引思"理念下的"生本课堂"教学策略,由学生主持课堂学习,首先要让学生明确学什么,学什么让学生定,这种教学模式的创新以及学习习惯的培养,有利于提高学生的课堂参与度和目标达成率。

L老师:我教的两个班,是2017年9月份刚接手的,从刚接班开始,我就注重上课主动回答问题习惯的养成。虽然一开始有点难度,但我经常给大家讲道理,鼓励积极参与的同学,并给那些表现不积极的同学更多的机会。久而久之,课堂也就变得很活跃了。

2. 问题设计组

Z老师:我们的观察点是学生问题设计。

第一,观察情况及分析,四个小组的同学围绕四个典型素材,提出了11个问题,我们着重选取其中的三个具体观察点进行具体分析:① 从问题提出方式看,预设性问题有8个,占72.7%。预设性问题可以避免课堂提问的随意性与盲目性,对问题设计的质量有了一定的保证,也为提高问题回答、讨论或探究的有效性奠定了基础。生成性问题3个,占27.3%,而且有些地方比较出彩,这表现了学生的灵活与机智,不仅使原设计的问题得到了深化与拓展,还激发了学生思维火花等,起到了很好的作用,使课堂充满了生机与活力。② 从问题设计层次看,我们选择的层次划分有三个维度,其中强化基础知识(记忆再现整合知识)的有3个问题,占27.3%;还有含综合运用、分析探讨等提升能力的问题有5个,占45%;另有5个激发情感的问题,占45%。这样的统计结果是超过了100%,这是因为一些问题的目标是交叉的,同一个问题可能含有不同的目标,既有知识的又有能力的,也有情感的,体现了问题的设计难易有梯度,目标要求多层次。③ 从设计的问题与素材的关联度看,有7个问题与素材是紧密联系的,还有2个问题也是基于素材的。这节课,如果从问题设计看,体现了这种探究和解决问题的理念,激发了学生的问题意识与探究意识。

第二,一点疑惑。从观察中,我们发现,有些问题提出后,感觉学生的思考与讨论交流的进程有点快,这是否会影响学生的课堂参与?

C老师:对,这可能是与问题的数量有关,我们在重视问题质量时,也要注重数量和质量的统一。一节课内,如果问题过多,即使问题设计得很好,也会因为留给学生思考和探讨的时间减少而影响思考与探究的深度与广度。

Z老师:作为老师,我们十分清楚,问题设计对于学生来说难度是非常大的。但通过今天对"学生问题设计"的观察,也让我们看到了学生的能量与潜力。想必这与教师对学生的有效指导不无关系。我们想向L老师了解的是:老师在学生的问题设计方面进行了怎样的有效指导?

L老师:设计问题方面,学生的潜力和悟性都很好,我主要是方法的指导。平时我特别强调学生的设问,了解题目设置的一些要素,避免审题不清导致的解题失误。平时我要求学生要以专业的态度来对待设问,要从主体、范围、角度等方面进行审题。在这次"让学引思"的前期准备中,各小组提出的设问,就已先在组内同学中试问,如:你明白这个问题吗?你能回答这个问题吗?依据同学的反应,再进行调整与"磨题"。

Z老师:L老师说学生的领悟性好,当然还是离不开老师平时潜移默化的指导。指导的结果,不仅使学生能够设计好问题,还能更好地解答问题。

3. 教师引导组

F老师:L老师,我们观察的是"教师引导",主要从引导时机、引导理由、引导方式和引导功效等方面进行观察,我们简要讲一下观察的情况:你今天的引导时间大概是5分钟左右,引导的次数主要有4次。引导的方式既有语言引导方式,也有非语言引导方式,如点头、微笑等方式。引导的作用主要有三方面,即引入、讨论中的指导、评价。

引导的效果表现在以下三个方面:第一,导课引导。通过小女生俏皮的歌声,激发了学生探究的兴趣,使学生一下子就进入了课堂的探究状态。第二,课中引导。主要是情感、课堂氛围等方面的引导。第三,总结引导。通过诗朗诵起到情感的交融与激励的作用。总之,"你的这堂课真正做到了把课堂还给学生,又引领学生自主探究和创新学习,不仅体现了新课程的理念,更是对'让学引思'理念下'生本课堂'的教学策略提供了范式指导。"

4. 课堂活动组

D老师:"生本课堂"教学策略的一个重要标志就是学生能通过自主活动

来主动建构知识,在知识构建的基础上培养能力升华情感。具体表现在:一是,学生要通过自己组织的活动来达成自己的学习目标并形成与获得所希望的成果相应的预期,这种学习才是成功的。二是,教师在教学过程中还应启发和鼓励学生在活动中根据学习的需要,鼓励学生在动口、动手、动脑的过程中进行学习。L老师这节课,先鼓励学生根据自己制定的学习目标,通过自主组织活动,来建构起与此相应的知识经验,在此基础上,教师再进行提炼和概括,使得学习者所建构的知识更明确、更系统,进而升华情感。

S老师:我和D老师对本节课的学生活动进行观察后,共同发现:第一,课堂上的活动预设都比较合理,能够紧贴课前的学习目标组织,而且层层递进,学生参与率较高;第二,活动主题明确,都是围绕男生女生展开的,尤其是情境表演环节,学生通过自己的表演,自然地表现出男生和女生的各自优点;第三,在请你当"小大夫"环节,我在观察活动中的学生时,发现学生发言思维流畅,逻辑清晰;说到精彩处学生会适时地报以掌声(有间接观察记录)。很显然,在学生活动的过程中,已经深深地打上了"拓展训练"的烙印,这也印证了一个教育的真理:生活发生的场所才是教育真正发生的场所。因此,我们得到了第一个结论:本堂课"生本课堂"的策略,真实可行,课堂是学生的"地盘",学生是学习的主人,所有的活动都具有"生本课堂"的特征;最后,从学生会心的微笑和自信的表情可以看出本节课的活动得到了学生情感上的共鸣。每个组在任务完成后都为下一个组的任务牵线搭桥,这种既有分工又有合作的方式相互结合产生了很好的学习效果。因此,我们得到了第二个结论:本堂课学生在活动方式上表现了自主性、探究性、合作性和开放性等多元化的特征。

5. 情感落实组

X老师:我们课前会议确定的观察点是学生情感认知的落实情况。刚才S老师也说这节课,从学生会心的微笑和自信的表情可以看出本节课的活动得到了学生情感上的共鸣。下面我就将我们观察的涉及情感态度价值观的落实情况进行如下汇报:活动一,"认识男生女生",由学生说出异性的优点,来引起对异性同学的进一步了解和对异性同学的接纳程度;活动二,"情境表演",主要通过"男生缝衣服和女生修桌椅,结果都受了伤"的活动,展现男生女生各自的不足,为男生女生全面正确认识异性和自我奠定情感基础,进而引导学生懂得男生女生正确交往的必要性,会在交往中发挥各自优势,弥补不足;活动三,"王婆卖瓜自卖自夸",进一步让学生了解异性之间的差异,进而在思想上,进一步澄清男生女生现实交往中的一些弊端;活动四,通过"异性效应",进一步引导学生认识到男生女生交往的必要性,通过与活动三矛盾的冲突中激发学生的思维;活动五,请你做"小大夫",让学生切实参与到情境中,通过同学间的合作探究,澄清问题,达到了思想感情的共鸣。因此,从总体观察情况看,学生的情感态度价值观得到了有效落实,课堂教学效果较好,这也是我们初中道德与法治课教学中应该坚持的基本点。

(三)概括总结

X老师:听了L老师的陈述和各位的交流,结合自己的整体观察,我认为这堂课最大的亮点是:通过"生本课堂"的策略有效地落实了"让学引思"的课堂追求。具体表现在:

第一,这节课很好地演绎了尊重教育规律和学生身心发展规律,为每个学生提供适合的教育。"生本课堂"教学策略就是要"为每个学生提供适合的教育"。本课L老师心甘情愿地"让学",让自己的教为学生更好地"学"服务,使学生成为学习的主人而努力,力求让学生的"学"真正发生。

第二,L老师从学生角度出发,探索构建了基于学生立场的"生本课堂"教学策略,坚持以学定教、为学设教、顺学而引的实施原则,目标让学生定、问题让学生提、活动让学生做、收获让学生讲,课前引导主动学、课上引领互动学、课后引发灵动学,使学生真正成为学习的主人。同时,帮助学生养成良好的学习习惯,培养学生积极的学习信心。

第三,道德与法治课程是一门以初中学生生活为基础,以引导和促进初中学生思想品德发展为根本目的的综合性课程,课程目标是适应学生成长需求,帮助学生形成正确的思想观念和良好的道德品质。L老师在授课中以此为基础善于开发和利用初中学生已有的生活经验,尽量满足学生对各种生活的关切;同时充分运用现实生活中丰富的教学资源,对学生进行道德与法治教育,影响学生的情感态度行为的改变,影响学生的德行与人格的健全。本节课,起点是学生的基础,落脚点是学生的发展,各个环节都是为了学生的发展,这才是真正的"生本课堂"。

第四,道德与法治课程的核心是帮助学生过积极健康的生活,做负责任的公民。L老师在学生逐步扩展的生活经验的基础上,与他们一起体会成长的美好,面对成长中男生女生交往的问题,通过活动,让学生既正确认识成长中的自己,明确了异性交往的必要,又明确了异性交往的尺度,为处理好与他人的关系,提供必要的帮助。

第五,道德与法治课程的基本原则是坚持正确价值观念的引导与学生独立思考、积极实践相统一。L老师在课堂中逐步引导学生独立思考和积极实践,并鼓励学生在现实生活中进行积极探究和体验,通过道德践行促进思想品德的健康发展。

总之,这节课体现了我们"生本课堂"对自主、平等、开放、探究的课堂文化追求。课堂中学生的积极活动就是一个力证。课堂上以四个小组学生的活动为主,有70%同学主动应答,其中,有多次是几个学生同时起立要求发言,学生之间都是积极踊跃又相互谦让,教师积极引导又热情服务,师生之间相互信任又配合默契……这一切,我们都可以从师生的言谈举止和面部表情中感受到。

Z老师:我们今天研究的主题是"让学引思"指导下的"生本课堂"课堂教学策略的实施和完善。通过今天的课堂观察,我们可以达成哪些主要共识和建议呢?(大家议论以后概括总结)

1. 五点共识

(1) 在"生本课堂"的教学中,要树立全面依靠学生的观念,要相信学生具有学习的天性和无限的潜能,学生学习是有个性和独立性的。要一切从学生的好学出发,把全部的教育价值归结到学生身上,这是现代人本教学伦理价值的根本体现,也是生本课堂教学策略的根本目标。

(2) 在"生本课堂"教学过程中,必须尽量减少对学生学习时间的占领,把学习的大部分时间交给学生,重视学生学习的体验与感悟,把感悟作为学习的基础。让学生自己"生产"知识,只有学生自己"生产"出来的浸润着学生自己血脉的知识才是有生命的,才会产生刻骨铭心的爱,这是生本课堂教学生成的重要标志。

(3) 在"生本课堂"的教学中,教师教学内容的选择既要适合社会规范的要求,更要尊重知识生成规律和学生学习的特点。因此,"生本课堂"教学必须精选素材,使知识能真正进入学生视界,只有学生乐于接受和感悟的知识才是有生命的,才能内化于心、外化于行,形成情感的共鸣。

(4) 在"生本课堂"教学过程中,必须是民主、平等、自由的课堂,在教学中只要是学习需要的就可以讨论,让学生的学习天性自由释放,建立一个自由和谐富有个性的独立自主的学习生态环境,从而取得课堂教学效益与生命质量的整体提升。

(5) 在"生本课堂"教学策略中,教师主导作用的发挥是重要保证。包括课前的准备指导、课中的适时引导和课后的发展性评价,都要求教师必须融入学生的学习生活实践中去,适时引导和评价点评。

2. 三点建议

（1）"生本课堂"教学策略是"让学引思"教学理念的具体化，是一系列教法、学法的科学衔接和有效组合，它重点强调的是一种教学理念的引导、学习方法的提示。在具体实施时，既要基于范式，又不要囿于范式，应当根据课堂教学实情、学生发展需要有选择性地运用或创造性地重组，它既可以聚焦课堂某一模块的实施，也可指向教材某一内容的处理。在实际操作中切忌循规蹈矩或面面俱到，一切出发点都应该基于学生、发展学生。

（2）"生本课堂"教学策略在教学实施过程中，教师要根据学生学习的状态，捕捉教学的最佳时机，适时调整教学思路和方法，要把学生的学与教师的引动态地融合在一起，辩证地实施"让学"与"引学"。引领学生智慧学习，体验学习的成功，实现对预设教学设计的超越，这有利于促进学生更好地参与和学习，也有利于提高"生本课堂"活动的实效性。

（3）"生本课堂"教学策略是基于学生立场的"让学引思"理念的实施，还处于起始阶段，我们要且行且思，要在"让"与"引"上多研究，做到能让会引，确保让引并重；学生要在"学"与"思"上下功夫，做到善学真思，确保学思结合。在具体的教学过程中，要把"让学"与"引思"有机融合起来，"让学"要让得有度，让得到位；"引思"要引得得法，引得充分。指导学生在系统的学科学习中，养成思考习惯，增强思维品质，提升思想境界。

以上五点共识和三点建议，不仅对L老师，而且对我们每一位教师；不仅对"生本课堂"的教学，而且对新课程的实施，都具有积极的指导意义。

案例思考题

（1）什么是课堂观察，它与评课有什么不同？谈谈你的认识和理解。
（2）看了《男生女生》课堂观察案例，你有何启发？
（3）你认为案例中设计的观察量表是否有需要改进之处，应如何改进？
（4）你是否做过课堂观察？请与大家分享你的观察案例或故事。

案例使用说明

1. 适用范围

适用对象：中小学思想政治教师、思想政治教育专业学科硕士、思想政治教育专业师范本科生。

适用课程：政治课程与教学论、学校思想政治教育、政治课教学设计与案例研究等。

2. 教学目的

（1）学会运用课堂观察理论及工具分析解决课堂教学中的实际问题。

（2）能从学生发展和教师成长两个维度，依据教学内容进行观察方案和量表设计，并能通过课前、课后的会议交流探讨问题存在的原因并积极寻求对策。

3. 要点提示

（1）相关理论

学生发展理论：学生是独立个体、独特个体、发展个体，认识学生成长与发展的规律性与不确定性。

教学理论：有效教学理论、建构主义理论、生活即教育理论。

马克思主义哲学：物质决定意识，一切从实际出发；矛盾具有特殊性，具体问题具体分析。

（2）关键知识点

课堂观察点的确定，课堂观察量表的设计与分析，以及课堂观察活动流程的安排。

（3）关键能力点

运用课堂观察法学会科学地评价课堂，从而调整优化教学设计，进行有效教学。

（4）案例分析思路

通过比较日常评课与课堂观察的异同，发现课堂观察对于教学评价特别是教师专业成长的优势，从而让学员体会并认同更为科学的教学评价的方法和流程。

4. 教学建议

参见"案例三"。

5. 推荐阅读

[1] 任泓旭.浅谈新课改下初中思想品德生本课堂的有效性构建[J].内蒙古教育,2016(3).

[2] 金礼辉.让学引思构建基于儿童立场的生本课堂[J].教育视界,2015(11).

[3] 赖伙琪.尊重：儿童立场的起点[J].基础教育课程,2013(11).

[4] 常华锋.生本教学论[M].首都师范大学出版社,2012.
[5] 常华锋,朱莉.生本教学研究[M].首都师范大学出版社,2011.
[6] 苏霍姆林斯基.把整个心灵献给孩子[M].天津人民出版社,1981.

案例十一

课例研修:教师专业发展的快车道

摘　要:S学校是某市四星级学校,也是闻名遐迩的百年老校,该校某教研组有教师10人,年龄结构非常合理,老中青教师分布比较均匀,其中大市学科带头人2人,区学科带头人1人,高级教师4人,其余皆为中级职称。该教研组十分重视集体备课和教研活动,尤其是同课异构和磨课活动在全市颇有特色。在集体备课中,教师们得到了锻炼,专业能力得到了发展,在和而不同、求同存异的基础上带动了学科的发展,实现了"小学科,大教研"的跨越式发展。

关键词:课例研修　教师共同体　建设

背景信息

S学校政治教研组实施课例研修的缘由及思考:

(1) 教师专业发展的误区。教师专业发展并非是一个自发的行为,确实需要"贵人"相助。这里的"贵人"就是名师指点。S校政治教师除了积极参加各级各类培训活动外,也组织教师参加名师共同体,还通过"一对一"青蓝工程师徒结对去促进青年教师的培养。但有些教师大多将师资培训、名师工作室或者"一对一"青蓝工程师徒结对视为形式,更多强调无师自通。最终导致青年教师的培养主要依靠自身修为和在弯路上摸索,这就延长了青年教师成长的周期。更有甚者,许多青年教师在摸索之中迷失了自我,找不到前景和希望,最后沦落为混日子。

(2) 教研组对误区的思考。为了激发政治组教师专业发展的积极性,S学校政治组开展了集体备课的课例研修活动。主要做法就是以校内外公开课、展示课为载体,实施全组全员参与,不再让公开课成为开课教师一个人的独角戏,而是全体总动员,为这节课出谋划策,几经磨课、探讨,让青年教师在实战中受益匪浅,从而走上快速成长的道路。

（3）教师专业发展需要解决的问题。正确处理教师个体与教师群体专业发展的关系。教师个体的专业成长不是通过教师个体的一种自我修为或者自然成熟而实现的，而是在教师群体中与其他教师充分地互动、沟通以及协作、分享中逐渐实现的。教师在解决问题时需要思维互动，在民主、平等的氛围中与同事、专家、领导等进行多方面的思维碰撞，在合作中促进教师的思维发展与深化，促进问题解决的效益与质量，促进实践智慧的成长与发展。概括地说，就是教师需要与其他教师、专家甚至某些组织，为了在一定的时间内完成既定的目标，齐心协力结成平等性工作同盟，实现教师群体专业发展。寻求"伙伴"，主动合作应该成为教师成长中可以借鉴的思维与策略。

（4）正确处理课例研修与教师群体专业发展的关系。课例研修注重学科专家、学校领导以及不同特点教师之间的互助协作，参与研修活动的成员之间的经验分享与互助是贯彻始终的。研修过程中多方人员的互助合作，为教师搭建合作交流、共同反思、互相支持、相互学习、共同提高的平台，让教师在和谐的氛围中提高研修活动的效率，最终形成一种新型的团队教研文化，实现教师群体专业的发展。

（5）S学校政治教研组课例研修成效。目前，在S学校中，该校政治组的课例研修已经成为一种课堂行动，研究的"课例研修本质观"得到普遍认同。S学校的政治教师们在行动研究的进程中，不断审视自己的实践知识和教学行为，通过实际行动及对这些行动结果的反思来提高教育实践水平，不仅提高了教育教学质量，而且能够使教师个人知识转变成供他人分享或者共享的知识，这就促进了教师教学理论的创生与建构，提高了教育理论水平和教育教学能力，加快了教师的专业发展进程，也培养出了一批科研型教师。在该校政治组10位专职教师中，在核心期刊发表文章有7人，占总数的70%。省级课题和市级课题实现了组员全覆盖，实现了人人有课题，个个有事做，在点滴的教科研中，该校政治组的教师在各自基础上均有较大幅度的成长。每年该校政治组除了承担校内公开课、对外展示课外，还在省内外完成了年均十多次对外开课、讲座的任务。

案例正文

一、S学校政治教研组一次课例研修实录

研修时间：2012年11月19日至11月23日

案例十一 课例研修：教师专业发展的快车道

研修课例:《文化创新的途径》
研修主题:高中政治课生活化课堂研究
教学班级:高二(9)、高二(7)、高二(8)
执教教师:SL 老师
研修过程:"三次行动,两次反思,一个评价":通过一个课题、一位教师授课、全体教研组教师观课议课,在三轮课堂教学中跟进反思,最终,形成课例研修成果,提升政治教师群体专业水准。

(一) 第一次议课记录

全体老师在高二(7)班听 SL 老师上了《文化创新的途径》一课后建议：

ZQ 老师:在探究一环节中,文化创新的根本途径:立足于社会实践。PPT 运用的材料是图片和文字"杨丽萍和她的《云南印象》"。

建议:删繁就简。

理由:文字篇幅过多冗长,学生花费太多的时间去阅读,不仅分散学生的注意力,而且会在此停留过长时间。所以删繁就简,截取材料的中心意思更贴切探究主题"生活化课堂研究",为探究活动服务。

LN 老师:在探究二环节中,文化创新的基本途径之一:继承传统,推陈出新。PPT 运用的材料是音频 S 市歌《S 好风光》,符合学生所处的地域文化,贴近学生的生活实际。

建议:播放视频前,增设一问:边听歌曲,边感受歌曲的 S 市传统元素。

理由:引导学生在听歌曲环节中,有目的性地思考和鉴赏,感受现代歌曲《S 好风光》中的 S 市古典元素,以此总结艺术的创作、文化的创新,需要继承传统,推陈出新。

XF 老师:在探究三环节中,文化创新的基本途径之二:面向世界,博采众长。PPT 运用的材料是视频《中国好声音》和荷兰《THE VOICE》。大部分学生对《中国好声音》非常感兴趣,以此为例,可以激发学生进行探究的兴趣。

建议:分组讨论《中国好声音》是如何成功的。

理由:此环节是本课的高潮部分。应留足时间,让学生充分讨论。可以分组,在合作中提高探究分析能力,在讨论中提高理论联系实际的能力,在回答中提高概括和表达能力。通过讨论,让学生感悟文化创新,不能排外,犯下封闭主义的错误倾向,也不能完全否定民族文化,犯下民族虚无主义的错误,而应该面向世界,博采众长,坚持正确的文化方向。

（二）第二次议课记录

SL 老师在高二(8)班授课《文化创新的途径》，授课由三个探究活动和一个小结组成四个环节，精美的课件、体系的重构、浓郁的文化气息成为本堂课一道靓丽的风景线，课堂把优美的歌声、精彩的视频、悦目的图片和典雅的古文融为一体，在学生的生活经验和体验中，在鉴赏和陶冶中，结束了本堂课。这堂课得到了全体学生和听课老师的高度评价。

为精益求精，政治备课组组织集体评课，并给予修改建议如下：

ZL 老师：课前准备环节

建议：课前课间 10 分钟，可以播放有关课堂内容的视频，亦可播放课堂中所用到的《S 好风光》或《中国好声音》。

理由：通过音频或视频渲染氛围，让同学们在欣赏视频的过程中，不知不觉地进入课堂中来，并在欣赏视频的过程中，感悟中国传统文化的深厚，了解外国文化的风情，体验文化多样性的乐趣，潜意识中领悟当前中国新文化的建设和创新，离不开对传统文化精华的继承、传扬和革新，离不开对优秀外来文化的交流、融合和吸收。

WDM 老师：课堂练习题布局调整

建议：将课堂尾声部分的实战练习题，渗透、穿插到前面的各个对应环节中。

理由：由于第四环节——融会贯通知识体系复习，涉及到前面四课的内容，占时较多，加上课堂实战练习题，共计 15 分钟；而新授课部分仅占 30 分钟，使整堂课不够完美。因此，将后面的练习题，渗透、穿插到前面各个对应环节中，既能及时检验每一环节所学知识，又能使整堂课趋于完整。

XFJ 老师：探究讨论和师生互动环节

建议：给学生适量阅读材料的时间及思考空间。

理由：教师在探究活动中，所设置的生活化材料或情景，是为设问服务的。但学生在新授课中，往往不能一眼看出答案之所在，或找到问题的突破口；此时，不应担心学生会想歪或答偏，而立即划出关键词，或直接给出答案，而需要给予学生充足的时间去阅读和思考，让学生结合自己的生活经验，在足够的思考和想象空间中得出答案。可以通过交流互动，在问答中给予引导，指导学生分析材料，最后教师则可以归纳、总结答案。

（三）授课教师 SL 个人反思

《文化创新的途径》这一框的内容条理清晰、结构明了，围绕三条途径、两对关系、一个方向而展开。对于本框的教学设计，难点不是知识点的梳理和整合，而是材料的选择和加工。网上下载的课件、案例都比较陈旧而且雷同，不是徐悲鸿就是北京奥运会，要不就是青春牡丹亭和功夫熊猫。我想既然是上"文化创新"，那我从备课上首先也需做到"创新"。

为了举例说明文化创新的两个基本途径，我对材料的选择定位在"三贴近"：贴近实际、贴近生活、贴近学生，于是选择了 S 市歌和 S 刺绣。从 S 市歌的创作过程来分析文化创新的根本途径和第一个基本途径：继承传统、推陈出新。从 S 刺绣的创新之路来分析文化创新的第二个基本途径：面向世界、博采众长。后来由于觉得这两组材料不够贴近学生，于是又把第二组材料改成最近非常热门的"中国好声音"。

我通过三个探究活动贯穿整堂课。首先通过杨丽萍的《云南映象》，让学生总结出文化创新的根本途径：立足于社会实践。其次通过欣赏 S 市歌《S 好风光》和了解市歌的创作过程，让学生分析、总结出文化创新的基本途径之一：继承传统、推陈出新。最后通过讨论、分析《中国好声音》为什么那么红，总结出文化创新的基本途径之二：面向世界、博采众长。

对于本节课的教学设计，我自己比较满意的有两个地方。一是对教材进行了重新整合，把本框最后一目的知识点分解到第二、第三个探究活动中。从如何避免对待传统文化和外来文化的两个极端出发，分别对应引出我们要克服的四种错误倾向。二是最后进行课堂小结时对教材知识进行了跨课的梳理，要求学生分别找出文化创新三种途径和坚持正确方向的理论依据，从而将《文化生活》前五课内容的内在体系构建起来。

对于本节课的教学设计，也存在很多不足之处。一是课堂教学和练习的比例分配不当。由于第四环节融会贯通知识体系复习，涉及到前面四课的内容，占时较多，加上课堂实战练习题，共计 15 分钟，而新授课部分仅占 30 分钟，使整堂课不够完美。应将课堂尾声部分的实战练习题，渗透、穿插到前面的各个对应环节中。既能及时检验学生每一环节所学知识，又能使整堂课趋于完整。二是学生的阅读时间和思考空间不足。现代教育理论和教学实践都证明，老师如果在教学时把知识像剥柚子一样，一层一层撕开，喂给学生，实际上就剥夺了学生思考的权利，挤掉了学生探究的兴趣。而在这堂课中，我恰恰就成了这个既剥柚子又喂学生的老师。在探究活动中，设置的材料是为设问服务的,学生没有理解好就急于提问。学生分析材料时,又担心学生会想歪或答偏,而过于主动。三是课堂气氛和学生的积极性不佳。在第三个探究活动中,本应是课堂高潮的讨论环节,结果效果平平。其实学生对于《中国好声音》的兴趣是非常大的,或许在上课前的课间 10 分钟播放《好声音》的现场视频,可以在一定程度上把学生的兴奋点调动起来。

总的来说,这节课从备课到教学让我收获良多,但也发现了不少问题,需要今后不断地改进。新课改要求教师在教学中充分发挥学生的主体性、创造性;要求教师要善于给学生时间、给学生问题、给学生动手,使学生能成为学习的主人,促进自身的不断发展。如果把新课改的课堂比作一场演出的话,老师只是导演,而真正的演员是学生。这就给我们教师的课堂组织和驾驭能力提出了比过去更多更高的要求。今后,在设计新课时我会考虑更细致一些,牢牢把新课标的要求记在心中,以生为本,让学生成为课堂的主人。而且,要不断向有经验的老师学习,提高自己的课堂调控能力及应急能力,有效调动学生的积极性。

二、最终形成的教学预设呈现

(一)教学目标

知识目标:

理解"取其精华、去其糟粕""推陈出新、革故鼎新"是文化创新必然要经历的过程;明确立足社会实践是文化创新的源泉和根本途径;理解不同文化之间的交流、借鉴与融合,是文化创新的重要途径;在文化创新过程中把握当代文化与传统文化、本民族文化与外来文化的关系;反对两种错误倾向。

能力目标:

增强学生进行文化创新的意识和能力;初步具备认识和处理当代文化与传统文化、本民族文化与外来文化的关系的能力。

情感、态度、价值观目标:

通过对本课的学习,使学生感悟文化创新必须立足于社会实践;通过分析不同民族文化交流、借鉴与融合的事例,激发学生学习本民族优秀传统文化与世界优秀文化的热情,投身于社会实践,积极进行文化创新。

(二)教学重点及难点

重点: 文化创新的途径。

难点:如何在文化创新中坚持正确的方向,克服错误倾向。

(三)教学方式和手段

教学方式:教师引导学生进行探究学习。
教学手段:电子课件。

(四)教学过程

1. 课堂导入

回忆:《文化生活》第三课→文化具有多样性→文化在交流的过程中传播;《文化生活》第四课→文化具有继承性→文化在继承的基础上发展。

总结:文化在交流的过程中传播,在继承的基础上发展,都包含着文化创新的意义。

第五课第一框学习了为什么要进行文化创新,今天我们来讨论如何进行文化创新。

2. 讲授新课

【探究活动一】

材料展示:① 常言道:眉头一皱,计上心来。有人认为文化创新来自创作者的灵感,主要靠文化创作者的聪明才智。②《云南映象》是一台将云南原创乡土歌舞与民族舞重新整合的充满古朴与新意的大型歌舞集锦。为此,杨丽萍带领舞蹈的创作者深入云南少数民族地区进行了15个月的采风,从民间邀请了上百位业余演员。杨丽萍说:"舞蹈发展到今天,不管如何变化,都应该到民间去寻找未来。"

设问:请你结合《云南映象》的创作背景谈谈你的想法。
学生回答:略(引导学生审题、找关键句,结合书本找理论依据,最后得出结论)。
教师总结:投身社会实践、依靠人民群众。
探究一小结:文化创新的根本途径:社会实践。

【探究活动二】

设问:同学们,你知道我们 S 市的市歌是哪首歌吗?
播放视频:《S 好风光》(要求学生在欣赏的过程中寻找歌中存在的传统元素)。
材料展示:① S 市市歌《S 好风光》改编自 S 传统民歌评弹曲牌《大九连

环》。保留了原《大九连环》原汁原味的基本元素,吸收和浓缩了江南小调。全曲柔美动听,与吴语演唱的语音配合似度身定做,天衣无缝。② 编曲陈勇感慨地说:"感谢老祖宗传下来这么好的音乐文化,在这样优美的传统音乐基础上,我们才能发展创新,唱出我们今天的歌。"

设问1:编曲陈勇为什么要"感谢老祖宗"? 他的话对我们进行文化创新有何启示?

学生回答:略。

温故知新:对待传统文化的正确态度是什么?(取其精华,去其糟粕,批判继承,古为今用)

教师总结:我们不能离开传统文化,空谈文化创新。要取其精华、去其糟粕。

材料展示:《S好风光》创作最初的参与者之一,方博说:"理想中的S市歌,既要有S的地域特点,也要有现代气息,也就是把'S的千年文化和现代文明交相辉映'包含在里面。分开来说的话,就是在旋律上要明显体现地方特色,情绪上能传达现代S城市精神,内容上既要有深厚的文化底蕴又要有现代风貌,音乐语言也是如此。"

设问2:你对方博的话又是如何理解的?

学生回答:略。

教师总结:体现时代精神,是文化创新的重要追求。要推陈出新,革故鼎新。

探究二小结:文化创新的基本途径之一:继承传统,推陈出新。

提醒:避免两个极端:① 一味固守本民族的传统文化,拒绝接受新文化(守旧主义);② 根本否定传统文化(历史虚无主义)。

【探究活动三】

图片展示:《中国好声音》导师。

设问1:中国好声音为什么这样红?

学生讨论:略。

播放视频:媒体对《中国好声音》的评价与分析。

教师总结:借鉴成果、本土创新。

设问2:《中国好声音》从荷兰引进了版权和节目模式,这对我们进行文化创新有何启示?

学生回答:略。

教师总结:必须以世界优秀文化为营养,充分吸收外国文化的有益成果。

温故知新：对待文化多样性的正确态度是什么？（既要认同本民族文化，又要尊重其他民族文化，相互借鉴，求同存异，尊重世界文化多样性，共同促进人类文明繁荣进步）。

材料展示：作为文化创意产品，《中国好声音》栏目与进口彩电、冰箱、汽车、电脑相似，在"原箱不动"渡海而来的过程中，还需要经过"汉化"（装上中文版），毕竟由白人面孔换成黄皮肤之后，语言、文化风俗、中国人的"笑点""泪点"等都需要移风易俗。

设问3：结合上述材料，请你谈谈《The Voice》的引进及本土化，启示我们在文化交流、借鉴与融合的过程中，需要注意哪些问题？

学生回答：略。

教师总结：在学习和借鉴其他民族优秀文化成果时，要以我为主、为我所用。

探究三小结：文化创新的基本途径之二：面向世界，博采众长。

提醒：避免两个极端：① 一味推崇外来文化（民族虚无主义）；② 拒绝接受任何外来文化（封闭主义）。

3. 课堂小结

脉络图展示：略。

4. 融会贯通

设问1：文化创新为什么要立足于社会实践？

学生回答：略。

教师总结：文化是社会实践的产物

设问2：文化创新为什么要继承传统，推陈出新？

学生回答：略

教师总结：文化具有继承性。继承是发展的必要前提，发展是继承的必然要求。

设问3：文化创新为什么要面向世界，博采众长？

学生回答：略

教师总结：文化具有多样性。尊重文化多样性是发展本民族文化的内在要求，是实现世界文化繁荣的必然要求。

设问4：文化创新为什么要坚持正确方向，克服错误倾向？

学生回答：略

教师总结：文化塑造人生。优秀文化丰富人的精神世界、增强人的精神力量、促进人的全面发展。

5. 课堂练习

略。

三、研修团队最终评价

本课最大的亮点之一：贴近生活，贴近实际。所选素材：中国好声音和S市市歌学生相当感兴趣。本课教师对教材内容成功进行重构，使学生对知识更容易理解和接受。古今文化的对比使学生体会到文化创新应该继承传统，推陈出新；东西方文化的对比使学生体会到不同文化的特点，以及在文化创新中应该博采众长。教师授课条理清晰，突出重点，突破难点，教态温婉可亲。

本课如果给予学生更多思考的空间，体现学生的自主探究精神，则课堂会演绎更多精彩。

四、研修成果

S学校某教研组怀着满腔热情开展了一系列研究活动，初步实现了以下研究目标，取得了部分研究成果。

（一）明确了研修规范

1. 团队协作，共同反思

组建一支成员各具特点、优势互补的团队，这是有效组织课例研修活动的源头活水。笔者在组建研究团队时，充分考虑到成员内部结构的优化组合，以教研组内不同特点的一线教师作为课题研究的主体，同时还邀请学校校长的加盟，以及课程专家（学科教研员）作为研究顾问。实践证明，这支团队在研究过程中成员之间注重协作，经验分享与互助是贯彻始终的。学校领导的参与在保障团队研究时间和研究顺畅进行方面起着重要的行政支持作用；课程专家有深厚的理论积累和对教学本质的深刻把握，在团队研修中为一线教师提供理念指导和专业支持；一线教师在研修中和课程专家共同反思教学理论与实践之间的差距，然后行为跟进实现理论和行为的结合。研修过程中多方人员的互助合作，为教师搭建合作交流和共同反思的平台，让教师在和谐的氛围中求同存异、兼收并蓄，最终形成一种有利于群体专业发展的新型教研文化。

2. 三次实践，两次反思

"三次实践，两次反思"的研修模式，是指研修团队确定研修主题、形成研修方案以后,选择一个课例进行教学设计,指定一位教师负责实施课堂教学,研修团队分工合作进入课堂观察,并在课堂观察之后进行反思研讨,探寻理念与现实的差距,提出行为改进的方案之后,授课教师再度进入课堂,实践修改后的教学设计,整个过程包括第一次课堂教学以及两次反思研讨后的行为跟进。"三次实践,两次反思"之后还要对课堂教学和研修活动做一个综合性评价,对研修主题的目标达成度做一个整体评估。研修过程中为保证研修活动的有效性,需要注意的事项:第一,授课教师在三次实践中都要提供规范的教学设计,以利于团队通过教师的变化来研究解决问题的策略和教师成长的规律。第二,在研讨反思环节,要紧紧围绕研修主题,把课例作为载体,作为探寻问题解决的平台。第三,有时经过三次实践和两次反思之后,没有获得有效的策略解决所要研修的主题,可以进行第四次实践或者采用说课的方式继续研究。

3. 交流总结,理论提升

经历了"三次实践,两次反思"的积淀后,研修团队进入交流总结、理论提升阶段,成果种类可以分为阶段成果和最终成果两类。阶段成果包括行为跟进的教学设计、课件、课堂实录、群体反思记录集等;最终成果包括课例研修报告、教师科研论文论著等。研修团队在整理研修成果时,应遵循以下原则:第一,客观性原则。要以实际为准绳,排除主观偏见,这样才能客观俯视整个研修历程,形成具有较高信度的综合性研究成果。第二,创新性原则。在理性思维和实践活动的交相辉映中发现教学中的新问题,尝试新的教学方法,获得富有新意的研修成果。第三,实践性原则。课例研修要立足于教学实践,教师在反思中更新理念、获得理性收获,再将其迁移回实践中,从而提升实践智慧。

(二) 提升了实践智慧

1. 提高了政治教师群体合作技能

首先是核心凝聚技能。确立凝聚个体的共同愿景。个人愿景是个人所期望达到的图景,而共同愿景则是整个团队中人们共同的目标。共同的愿望贯穿于整个团队,从而使团队的活动保持一种连贯性和一致性。当个体具有共同愿景时,彼此之间就会被这种共同的愿望和抱负凝聚在一起,从而带动新的思考方式和行为方式,引领团队走向学习共同体。管理者要回答"为什么要建立这个共同愿景",这是为了使团队成员建立一种使命感,在实现共同愿景的过程中超越过往,实现个人价值和社会价值。管理者还要解决"怎样实现共同愿景"这个问题。要建立一套让成员遵循的核心价值,诸如参加教研活动要公开自我、积极思考、开拓创新、民主平等、协商一致等。这些核心价值指向团队在追求共同愿景的过程中开展常规活动的行为方式。

其次是对话探讨技能。通往深层智慧的有效途径。对话探讨是团队中每一个人的思想自由碰撞和沟通的过程,通过这种碰撞和沟通,达到个体无法实现的洞悉和顿悟,营造一个相互信任的具有支持性的合作氛围。团队管理者需要在成员之间建立一种民主平等的机制,促使他们共同携手激荡个人思想、探索深层智慧。例如打破权威优先的潜规则,赋予青年教师以优先话语权,淡薄教师之间的资历和身份差异,让所有成员的思想都能成为一种资源。

再次是问题聚焦技能。在团队合作中,对话探讨和问题聚焦是互为补充的。对话探讨是发散性的,它使团队中的不同观点得到阐述并发现新的观点。而问题聚焦则具有凝聚意见功能,是促使成员从多角度的对话探讨走向深化认识、达成一致的意见聚拢性过程,是生成统一行动路线的关键。团队核心人物要具有凝聚意见、聚焦问题的能力。通过分析论证,同教研活动预设的主题进行对照,权衡各种观点的利弊,归纳出共同关注的问题,引导团队生成解决问题的统一方案并付诸实施。

2. 形成了政治教师群体反思技能

反思是为了重回课堂。有效的反思不是仅限于文本的表述,而是以教师教学能力的增长为导向,以提升教师的实践智慧为目的。只有将反思成果与具体的教学实践结合在一起,才能真正提升教师处理教学问题的能力,使教师在具体教学情境中迸发激情和灵感,让教学反思的过程成为获得实践智慧的过程。由此可见,教学反思的应有环节是反思性教学,让反思重回课堂才能弥合理论到实践的鸿沟,达到"知行合一"的境界。

反思是一种团队对话。许多问题仅靠教师一己之力是无法科学有效解决的,囿于自我的反思很可能走向孤芳自赏,降低实践智慧的生成效率。因此必须要寻求伙伴、主动合作,有效的反思需要互动对话和伙伴同行,需要同伴课堂观察行为和群体分析行为的介入,需要多元思想的融入和思维启迪。只有在团队的共同努力下,在合作中、在思维碰撞中迸发灵感,才能促进教师的思维发展和深化,促进问题解决的效益和质量,促进实践智慧的积累和提升。

反思应注重循环提升。不能把一次实践到反思的过程作为终点,反思应该成为一种循环提升的过程,反思来源于教学实践,在回归实践、推进实践的过程中不断获得检验和完善。教学实践没有止境,教学反思也没有止境,实践和反思循环往复、相互促进。通过对一个课例的多次实践和反思,使教师在新旧案例的比较中,促成反思品质和技能的发展和成熟,提升解决实际问题的能力和实践智慧,成长为一名反思型教师。

(三)形成了学习共同体

1. 成员优势互补

课例研修在系统开展的过程中,课程专家与一线教师的合作经历了一个纵向发展过程。最初专家对研修活动主要起指导作用,这种指导包括课程理论指导、研修技能指导和学科专业指导。随着研修活动的深入和持续开展,专家的指导作用不断淡化,而促进和合作作用则不断增强。专家和教师共同确定研修主题,形成研修方案,专家提供教学设计的指导意见,教师负责教学设计和课堂教学,在多次课堂教学和建构性反思中探寻弥合理念与现实差距的有效途径。在此阶段,专家从理论层面走向教学实践,教师从实践层面走向理论提升,理论与实践不断交互作用,双方在互补中实现共同发展。

2. 研修求同存异

"三次实践、两次反思"的研修模式有利于教师将他人的经验扩充进自身的经验范围,关注自身与他人的差距,避免狭隘的经验主义。将研讨过程中获得的建构性反思成果再次付诸于课堂的过程是跨越理论与实践鸿沟的有效途径,是使教师将建构性反思真正内化、获得专业成长的必经过程,为研修团队获得实践智慧提供了深沉积淀。这是一个求同存异的过程,课题组在求同存异的合作中走向"和而不同"的学习共同体。

3. 成果资源共享

教师以教育者、研究者和学习者的多重身份,在研修过程中享受着提升教育理念的乐趣,获得新知与技能的喜悦,以及教学相长的益处。当教师以研究者的眼光审视已有的教育理论和教育实际问题,就会对在教学过程中发现和产生的新问题更为敏感。研修成果是研修团队长期浸泡在教学反思与实践中慢慢积淀出来的经验总结和理性升华,为教师群体专业水平的提升提供可持续发展服务的有效资源。课例研修使教师群体在实践中形成和检验新的教育教学理念,弥合理论与实践的差距,进一步了解教育教学规律的复杂性,提高教育教学实践智慧,最终走向"和而不同"的学习共同体。

案例思考题

(1) 什么是课例?什么是课例研修?你认为课例研修有何价值?试分析

课例研修与教师专业发展之间的关系?

(2) 在 S 学校某教研组的课例研修过程中,你认为授课教师应当如何提升研修的效果? 对你有何启发?

(3) 在课例研修过程中,作为"旁观者"的教研组其他教师应当怎样积极参与到活动中,并成为研修的主人? 这些案例给予你怎样的思考?

(4) 在课例研修过程中,你会如何正确对待同教研组的批评和建议?

案例使用说明

1. 适用范围

适用对象:中小学思想政治教师、思想政治教育专业学科硕士、思想政治教育专业师范本科生。

适用课程:政治课程与教学论、学校思想政治教育、政治课教学设计与案例研究等。

2. 教学目的

(1) 学会运用教学理论分析解决因教研磨课不够充分而产生诸多实际问题。

(2) 教师备课需要在总结经验教训的基础上进行二次备课、三次备课等,从而实现教师在集体备课中成长的目标。

3. 要点提示

(1) 相关理论

教师发展理论:教师的专业发展对教师的教学效果会产生深刻的影响,我们需要苦练内功,依靠集体的智慧和集体的力量提高和完善自我。

教学理论:对话教学、建构主义理论。

马克思主义哲学:整体与部分的关系,以部分促进整体;发展的观点以及坚持用发展的观点看问题。

(2) 关键知识点

在备课和教研中突出教师对课堂预设和课堂教学实施的分析和理解,突出教师对课堂建设的建设性意见。其结果不仅在于展示一节成功的课堂,还在于发展一批卓越的教师。

(3) 关键能力点

运用教师发展理论,明确教师的素质与课堂教学质量之间的关系,理解教师共同体建设对每个成员发展的重要意义。

（4）案例分析思路

运用纵向比较分析的方法，探讨 S 学校在对外公开课正式展示前的磨课过程，随着课堂预设和布局日趋科学，该教研组的教师们也在研讨和磨课之中快速成长起来，从而促进了教师的专业发展。

4. 教学建议

参见"案例三"。

5. 推荐阅读

[1] 齐渝华. 怎样做课例研修[M]. 北京：高等教育出版社，2010.

[2] 祝庆东. 教师怎样做"个人课题"研究[M]. 上海：华东理工大学出版社，2014.

[3] 潘海燕，何晶. 教师怎样进行反思与写案例和论文[M]. 北京：中国轻工业出版社，2007.

[4] 詹姆斯·波帕姆(W. James Popham). 教师课堂教学评价指南[M]. 重庆：重庆大学出版社，2006.

案例十二

建构共同体：思想政治学科的名师成长之路

摘　要：L市高中政治学科教师队伍中有一大批特级教师、教授级高级教师、港城名师等优秀教师，但随着课改推进和新课程的实施，很多教师尤其是年轻教师囿于工作经验不足、缺乏导师引领、互动交流匮乏等因素，对高三课堂教学和高考备考研究等缺乏一定的高度和深度，这既不利于提高教育教学质量，也制约了思想政治学科教师的专业发展。为锤炼和打造一支高素质的高中政治教师队伍，L市教研室政治学科通过建构共同体——高中政治学科教学领军人才研训营，为思想政治学科的名师成长搭建平台。

关键词：共同体　名师成长　专业发展　素养

背景信息

目前在我国普通高中教育依然存在片面追求升学率的倾向，将学生的成绩与教师工资晋升、职称评定等利益联系起来，因此有些教师对于考试成绩存在认识误区，把学生成绩高低等同于教师水平的高低；有些学校也将升学率或优秀率作为评价教师的主要指标，这往往促成了教师间非良性的竞争。一些教师为了提高自己所教学科班级学生的成绩，同一学科的教师之间展开激烈竞争，他们之间相互保守，相互封闭教学资源和信息。即使一些学校组织集体备课，也往往徒有虚名，备课过程中，大家只讨论一些皮毛，并未把真知灼见吐露出来。他们之所以留一手，就是为了在与同事的竞争中保持领先优势，这严重影响了教师之间的专业交流与合作。此外，中国文化中有讲求独善其身的传统，知识分子中甚至形成了孤芳自赏、文人相轻的现象，这些观念作为一种社会潜意识也影响着教师个体的合作交流。

另一方面，虽说课改历时十年之久，有些学校的老教师仍然存在着穿新鞋、走老路现象，传统的以应试为目的的程序性、填鸭式教学仍然存在，老教师不愿意做出改变,缺乏主动寻求变革的愿望和积极行动的动力;年轻教师虽然渴望成长,但在教学方法上的个人摸索、反思往往由于自身的经验不足、理论功底不够,而无法看清问题的本质,更无法针对自己的问题进行改进。这些都造成教师整体发展受阻,打破教师之间的这种隔膜构筑交流分享的平台势在必行。

L市教研室在多次调研的基础上发现了问题,要想全面提升教育教学质量,给学生高水平的指导,必须促进教学经验与教学资源的共享,提升教师的整体业务素养。为此,L市教研室以创新普通高中骨干教师培养机制为动力,以提高师德修养和教育教学能力为重点,努力探索"互助共赢—交流联动—有效整合—共同发展"的教师发展共同体,着力培养一批师德高尚、教育理念先进、专业基础知识扎实、创新能力突出、学科领导力强、教学实绩显著的学科教学领军人才,以带动普通高中教师队伍整体素质和水平的提高。

其中,高中政治学科组建的教师发展共同体——高中政治学科教学领军人才研训营,第一期学员是16位学科领军人才培养对象,培养对象是经过层层遴选而来;8位导师,分别是政治学科的特级教师、正高级教师和县区教研员,主持人兼导师是政治学科教研员,有着丰富的教学实践经验和深厚的理论功底,是研训营的核心、总指导、总策划。研训营16位培养对象都有高三教学经历,是所在学校的高三备考组长,在课堂教学、试题命制、教学设计等方面有一定的研究,有较强烈的自我发展意识和追求。他们是从全市遴选出来的佼佼者,但是他们在日常的教育教学中也面临诸多困惑,其专业成长之路遭遇瓶颈,通过加入学科领军人才研训营这一教师成长共同体,有助于进一步提升他们的专业发展空间,期望带动他们所在学校的高三备课组一同进步。通过研训营的辐射作用,带动全市教育教学水平的质量提升。

案例正文

一、制定方案——提供名师成长共同体活动依据

随着新课程改革的不断深化,高中政治学科教学需要一批学科领军人才、名师在全市教育教学实践中发挥示范、引领、辐射作用,带动学科教师队伍整体前行,切实提升教师的专业素养,进而为学生的人格健全和学业水平的进步,为学生的终身发展提供师资力量。

名师是一个约定俗成的称呼,通常指在某一教育教学领域,在一定区域内具有一定知名度和影响力的教师。他们具备先进的教育教学理念和高超的实践能力,并且拥有特级教师、学科带头人、骨干教师、教育教学专家等称号。《国家中长期教育改革和发展规划纲要(2010—2020年)》明确提出,通过研修培训等形式,"造就一批教学名师和学科领军人才"。构建"名师成长共同体"是促进教师成长为名师的重要路径。

L市教研室政治教研员牵头组织成立了L市高中政治学科领军人才研训营,通过组建"名师成长共同体"这一模式提升成员的专业素养尤其是学科教学素养,进而通过相关共同体成员去带动、引领本县区、本校学科教师专业发展,提升思想政治课教师整体水平,为全市教育教学实践服务。

为了名师成长共同体顺利开展活动,训练营主持人、市政治学科教研员制定了详细的高中政治学科教学领军人才培养方案,为名师共同体活动提供了重要依据。

政治学科教学领军人才培养方案对领军人才做了界定,对其成长状态进行了深入剖析,明确了作为名师成长共同体成员应尽的职责,对共同体成员提出了相关要求,对培训过程的操作、对领军人才培养对象效益评估、评比认定等方面做出了详细的规定和说明,对名师成长共同体活动正常开展进行了宏观把握和顶层设计。

二、遴选人才——产生名师成长共同体活动主体

在领军人才培养对象选拔上,首先通过宣传发动,自愿申报、县区推荐相结合,全市符合条件的高三政治教师皆可自愿报名,县区每学年从高三年级主任、备课组长、备课组骨干教师中推荐,最后由市教研室组织相关学科专家遴选,按照公开、公平、公正和竞争择优原则,重点选拔培养德才兼备,教书育人成绩突出,特别是在学科建设领导力方面具有发展潜力和培养前景的优秀教师,作为名师成长共同体研训营的第一批成员;共同体成员目前只针对高三政治教师,一年一个批次,三年一个周期。在学科领军人才共同体中,每一个批次成员将接受为期三年的培训,根据相关考评细则,三年间有进有出、优胜劣汰,三年后根据过程评价情况,择优授予"政治学科教学领军人才"称号。

1. 推荐的基本条件

(1) 热爱祖国,热爱党,遵守国家法律法规,忠诚人民教育事业,师德高尚。

(2) 坚持在教学第一线工作,完成相应岗位教学工作量。

(3) 主持学科备课组工作或在备课组中起核心作用。

2. 遴选的主要指标

(1) 具有较扎实的学科专业知识、较高的教育教学水平和专业发展潜力。

(2) 在学科组建设中有较强的领导力,在县区或全市教育教学领域有一定的知名度和影响力。

(3) 近5年至少开设过具有较高水平的县区级及以上公开课(示范课)或专题讲座1次,且受到好评。

三、设定目标——明确名师成长共同体培养方向

目标既是"成长共同体"追求的结果,也是共同体成员用来促进自我成长的方式和途径,目标给予共同体前进的方向和动力。在培养目标上,市教研室对领军人才培养对象设定了总体目标和具体目标。

总体目标又分为整体目标和个人目标。领军人才培养研训营整体目标是锤炼一支有课堂教学特色、有命题研究实力、有高考实践成果的队伍;个人目标是三年培养期后,使培养对象立足课堂享受教学、研究高考服务学生、提升专业成就事业,做有高度有底气的政治教师。

高中政治学科领军人才研训营的成员首先要根据自己的实际情况作自我成长的思考,这既包括对过去的分析,也包括对现在成长现状的客观评价,更要设定自己长远的、中期的、近期的成长目标;然后成长共同体成员聚在一起讨论各自设定的目标是否合适、恰当,并邀请教育老前辈给予成长道路的指导。这样,目标设定的过程也就是充分发挥"个人反思、同伴互助和专家引领"的教师专业成长过程。

在具体目标的设定上,重点从提高命题素养、提高课堂教学素养、提高教学设计素养、提高研究学生素养、提高教学评价素养、提高组织示范素养等六个维度着手。每一个具体目标细化为基本目标和发展目标,基本目标是所有培养对象都要达成的目标,所有目标都达成即为合格;发展目标是培养对象展示个性的目标,所有发展目标都达成即为优秀。如在"提高命题素养"这一具体目标中,其基本目标是在强化训练、研究高考和自主命题中,不断提高命题素养,最终能命制出一份完整体现高考(学业水平测试)试题精神内涵(神似)的试卷;而发展目标要求是能明晰高考和学业水平测试性质和准确把握高考和学业水平测试的发展性质,能依据高考(学业水平测试)命题特征和核心素养确立命题考查主题,能依据考查主题构建命题思路、收集素材、设计问题和参考答案,最终能参加江苏省高考和学业水平测试的命题及高考改革工作。

四、遵守准则——促进名师成长共同体规范运作

没有规矩,不成方圆。成长共同体的行动准则有利于共同体的真正形成。为了保证市高中政治学科领军人才研训营的规范运作,实现共同体活动的顺利展开,主持人与各位导师、学员一起,明确了共同体成员的权利和义务。

1. 成员权利

(1) 参加政治学科领军人才共同体举行的各种活动。

(2) 对政治学科领军人才共同体各项工作提出意见和建议。

(3) 优先获得政治学科发展共同体或教育主管部门组织的外出培训、听课学习、送课讲学、经验交流等机会。

(4) 学科组课题研究、城乡交流、送教下乡、教育专著出版等,可以向政治学科领军人才共同体申请支持。

2. 成员义务

(1) 遵守政治学科领军人才共同体章程,执行共同体的决议。

(2) 自觉维护政治学科领军人才共同体的形象和利益,杜绝有损共同体声誉的言行。

(3) 积极参加政治学科领军人才共同体组织的各种教育教学研修活动,不无故缺席。

(4) 乐于承担并完成政治学科领军人才共同体委托的任务。

(5) 积极培养青年教师。

3. 行为准则

在教育局学科领军人才培养工程领导小组的指导下,政治学科领军人才共同体的主持人、导师和学员们共同商议制定了共同体成员的行动准则。

(1) 每位成员都以学习者的身份平等地参与学习。

(2) 每位成员每次学习前必须做充分准备。

(3) 每位成员都有发言的机会。

(4) 每位成员连续发言时间不能超过或少于规定限度。

(5) 每位成员不得随意打断他人的发言。

(6) 每位成员要按时完成培训任务,及时上交研训作业等相关材料。

(7) 批判他人对事不对人,相互尊重,遵从人际交往的文明礼貌。

五、实施路径——完善名师成长共同体培训方式

L市高中政治学科领军人才培养策略,坚持集中学习与个人学习相结合、

理论研修与实践研修相结合、现场教研与网络教研相结合、过程评价与结果评价相结合的原则。要求研训营成员在共同体这一组织框架内,以自我规划为载体,强化"育人先育己"意识,加强自主研修,多读书、读好书,积极深入进行教学实践研究,同时利用好名师成长共同体这一平台,通过集体研讨、打磨试题、评价试题、观摩示范、现场教研和网络教研,实现共同体成员间的资源共享、智慧共享、工作协同、和谐发展,打造一支真正会研究、能实践的学科领军人才,让培养对象在科学合理的评价中得到发展和进步。具体路径如下:

(一) 培育共同体的合作文化

美国学者彼得·圣吉在其学习型组织理论中谈及心智模式时指出,在人的内心深处存在着根深蒂固的影响人们认识世界和改造世界的心智模式。这种心智模式如果不符合时代改革的趋势,就会成为一些改革难以绕开的、隐在暗处的顽石。因此,要培育教师合作文化,消解传统文化以及学校制度文化中的消极因素对教师成长共同体生成的不利影响,首先要重塑新的合作学习文化,发挥文化性的领导力量。L市高中政治学科领军人才研训营以项目学习为平台,以自愿为原则或采取抽签的方式,组成跨学校、跨年龄段,由不同性格、不同兴趣、不同能力、不同职称的学员和导师组成的互动发展组,以多样的活动为纽带,培养教师的团队合作意识及社会交往能力,营造宽松和谐的心理氛围,密切教师间的交往和感情,为共同体的学员创设一个温暖的、信赖的、支持性的环境。其次,创造适合于每个教师发展的空间,营造成长激励文化。通常,如果管理行为重在约束、检查、评比,无形中将教师置于消极被动的被管理者的位置,教师间易形成消极竞争的对抗的非合作的态度。因此,应努力唤醒教师个人成长的愿望和需要。赫茨伯格的双因素论表明:在管理过程中,除提供良好的人际关系、工作条件、管理政策措施等外在保健因素外,真正能激励员工成长的是给员工创造工作表现机会,使工作具有一定的挑战性,认可他们的成绩,让他们体验到工作带来的愉快,产生成就感等。因此,为了帮助共同体中成员的专业成长,听评课变被动为主动,采取教师主动邀请听课的方式,在这个过程中,教师若有困惑也会主动求助于共同体中的导师或其他教师,这样听评课就变成了研究课,变成了体现自我价值的成果课,能让教师体会到成就感,进而产生激励教师专业发展的力量。

(二) 有针对性地引导教师阅读

有人说,一个人的阅读史也就是他的精神发展史。教师是"知识人",教师职业的本质是以知识为媒介来影响人、感染人。但在浮躁的年代,"不读书"又是当今许多老师的"通病"。事实上"读书"是教师成长共同体成员的最基本的生存方式。教师在阅读的过程中不断地反省、质疑、辨析、解构及再建构,能够帮助教师树立开放、多元的价值观念。

高中政治学科领军人才研训营读书的类别主要有三种:

1. 自我励志类的书

比如《刻意练习:如何从新手到大师》《当你的才华还撑不起你的梦想时》《学习之道》等,这些书中所倡导的主动追求发展的理念对教师的成长有着巨大的激励价值。教师的成长既需要外在的帮助,但更关键还在内因,在于是否具有强烈的自我发展意识。读这些励志类的书就是不断激发每一个成员发展意识的过程。

2. 经典的教育名著

读经典的教育名著是寻找专业引领的最佳途径。比如《民主主义与教育》《给教师的建议》《窗边的小豆豆》《爱的教育》等,这些教育名著所阐述的教育规律是我们教育教学行为的指南。教师的成长需要引领,专家的引领常常不能随时随地发生,但专业书籍的引领却可以常常有、时时在。

3. 权威的专业杂志

比如《教育研究》《人民教育》《课程·教材·教法》等,这些杂志以丰富的信息、前沿的理念,给我们以教育理念的引导、思维的启发,使我们的教育行动更稳健、更有方向感。

(三) 广泛的互动交流

著名的现代物理学者海森堡认为,科学根源于交谈。在不同的人合作之下,可能孕育出极为重要的科学成果。"政治学科教学领军人才共同体"是一个"开放的社区",通过定期举办成长沙龙活动,鼓励各种意见和看法的自由表达。沙龙活动围绕着一个主题或大家近期的读书与工作展开,除了沙龙活动外,研训营还借助现代通信技术如微信、QQ、E-MAIL 等多种媒体进行教育日记、随笔和论文的交流,实现教学资源和教育智慧的共享。学术研究需要交谈,教师成长需要交谈,在研训营创设的多种交流平台上,大家畅所欲言,既增进了感情,又增进了知识。

（四）拜访已退休的教育专家或名师

管理学上认为,成才的捷径就在于"与比你更成功的人交朋友"。成为名师是大多数教师成长的追求,教师成长的捷径就是"追寻名师成长路迹,与名师交朋友"。有些教育界的老前辈或名师虽年事已高,但热爱教育的激情不减,他们不在乎任何名利,甘当年轻教师的引路人。因此,教师成长共同体成员通过定期拜访已退休的教育老专家,与他们结为"忘年交",不仅从他们那里得到对教育问题的"解疑答惑",更从他们身上学习为人处事的"人生哲学"。另外,研训营要求每一位成员要结合各自的研究兴趣和特长,寻找一位"学术偶像",读他们的书,看他们的录像,从这种"间接交流"中获得成长的推动力。因此,在"L市高中政治学科领军人才研训营"中,就间接地形成了"教育老前辈或名师——专业教育科研人员——一线教师"三者相互影响相互促进的良好的引领机制。

（五）通过课题研究促进教师成长

不研究就没有反思,不能澄清复杂现象中的表象和实质,分不清对与错,也就无法从因循守旧中走出来,不能进行创造性的教育劳动。苏霍姆林斯基曾说:"如果你想使教师的劳动能够给教师一些乐趣,使天天上课不至变成一种单调乏味的义务,那你就应当引导每一位教师走上从事一些研究的这条幸福的道路上来。"金美福博士在《教师自主发展》一书中,通过研究历代名师的职业生涯发现,教育研究是成为名师的一个基本要素,在教师职业生涯中没有教育研究经历和成就的教师,在事业上也确实没有什么成就,在他们身上自我超越现象不会发生。由此可见教育研究之于教师发展的重要。因此,课题研究是高中政治学科共同体学员进行研究性学习交流的载体,是实现高中政治学科领军人才研训营成员共同成长的一个必要途径,有了课题研究的"任务驱动",研训营成员的学习更加主动,更加明确。他们一边研究,一边行动,在课题研究中有了许多的收获。

（六）在竞赛评比、命题实践中提升能力

学以致用,在共同体成员的发展进程中,L市教研室通过开展基本功比赛、优质课比赛、教学设计比赛等评比活动,要求领军人才培养对象积极参与并力争取得佳绩;研训营主持人定期布置命题任务,共同体成员通过自主命题、专题研讨、打磨试题、完善试题,最终形成高质量的模拟试题,在全市大型

考试中采用、检验,让共同体成员在实践中获得体验、提升水平。

（七）发挥专家、导师的专业引领作用

如果在共同体中仅仅都是水平相当的成员相互交流,缺乏高水平的引领,会使活动质量大打折扣,发展的步伐大大放慢。个体的成长需要引领,教师共同体的专业发展也需要引领。引领者可以是教育专家,可以是校长,也可以是普通老师,但选择引领者的基本条件是必须学有所长,或者是某一领域的行家里手。

L市高中政治学科领军人才研训营实行导师制,16位培养对象,聘请了8位导师。导师由特级教师、正高级教师、市名师、市学科带头人、学科教研员构成。每位导师与两位培养对象结对子辅导,导师在培养对象完成研训营基本任务的基础上,充分运用自己的专业特长,对两位学员"量身定做",从专业阅读、教学设计、课堂教学、学情研究、试题命制、教学评价等几个角度给予学员指导,使学员可以根据自身特点在教学实践中不断演练、提升。

（八）通过外出教育考察拓宽视野

教育如果只知道"闭门造车",不会"造"出"好车"来,还可能会走弯路、歧路,事倍功半。只有走出去,博采众家之长,才能成就自己的独特、精彩与博大。因而学科领军人才研训营不但要"引进来",也要"走出去"。通过外出教育考察拓宽教育视野,更新教育理念,才能对专业本质、专业前景、专业机遇有清醒认识,及时把握到本专业的发展方向,进而不断向着那个方向努力。

六、科学评估——形成名师成长共同体监控机制

为实现高中政治学科领军人才培养工程的顺利实施,促进领军人才培养对象的专业发展,形成名师成长共同体的监控机制,根据L市教育局统一部署,高中政治学科领军人才研训营将培养对象的评估纳入到全市统一的评估体系中。

评估坚持过程性考核与终结性考核相结合,内部考核与外部考核相结合,定量考核与定性考核相结合的原则,以学科组为单位进行学年考核,对考核优秀的成员进行表彰。

除通过学员成长手册进行过程性评价外,还依托考核手册,集中进行如下评价:每年9月10日前完成校级考核和县(区)级考核;考核手册及佐证材料复印件每年9月15日前上报市教研室。

学科专家指导组在每年 9 月 20 日前完成学科考核工作。学科专家指导组按规定的比例从综合考核结果中择优推荐候选人参加学科教学领军人才评比认定工作。学科教学领军人才评审委员会在每年 9 月底完成学科教学领军人才评比认定工作。

结　语

构建"教师成长共同体",可以使教师在群体学习中不断地实现自我超越,在不断的自我超越中提升自己的专业素养,并最终实现教师队伍专业化。在教师成长共同体中,教师可以围绕教育教学实践中的心得、困惑进行坦诚的交流,在贡献自己经验、思考与智慧的同时,不断引发思维的碰撞,分享彼此的思考与实践智慧,从而实现实践经验与智慧的重组。这种调动起教师内在力量,解决教师在教育教学实践中遇到的问题,或者重构教师对教育问题理解的过程,能让教师个体不断地进行自我教育,通过骨干教师之间的交流共享,促进他们的进步,并带动所在学校教研组的共同进步。

名师成长共同体使原来孤立的个体变为交互的主体,教师的发展也相应变成了一种主体间互动的过程。现实教育中教师之间的对立与冲突转化为不同主体之间的平等交往与对话,教师之间相互平等、相互理解、相互尊重,使自我与他人同时得到提升与改变。通过教师专业共同体的创建,教师可以围绕教育生活及专业发展过程中的种种问题真实地思考、表现自我、表达自我;每一个共同体成员都可以借助彼此的力量成长,在专业发展中相互关怀与促动,最终实现共同发展。经过一段时间的培训,L 市领军人才培养对象在共同体中已崭露头角:两位教师多次参与四市高考模拟试题命制,两位教师参与市级大型考试命题,三位教师首次参与市级命题磨题便有良好表现,两位老师正在研究高考改革走向并尝试新的命题思路;六位老师荣获市基本功大赛一等奖或优质课大赛一等奖等;培养对象的专业素养在名师成长共同体发展中得以提升。实践证明,建构共同体的确是促进思想政治学科名师成长的可行路径。

"路漫漫其修远兮,吾将上下而求索。"名师成长共同体的发展还会遇到各种挑战,需要教育部门的政策支持,需要社会各方面力量的呵护,但只要持之以恒,一定会带来教师群体专业素养的普遍提升,带来教育质量和社会效益的共同提高!

案例思考题

（1）什么是共同体、什么是名师成长共同体？如何才能构建符合实际、富有成效的名师成长共同体？请你谈谈自己的理解。

（2）构建共同体，实现思想政治课教师的名师成长之路是一个系统工程，除了共同体成员的努力，你认为还有哪些因素会对其产生积极影响？假如你是导师，你会对你的学员采取哪些培训方式呢？

（3）交流互动、外出考察以取长补短是共同体专业成长的一个重要路径，L市的领军人才培养对象对此获益匪浅，你能从中学到哪些成功经验呢？你对外出教育考察有怎样的理解？

（4）当前构建名师成长共同体有何现实意义？对于构建共同体，实现共同体成员的专业进步与成长，你还有哪些故事可以分享？

 案例使用说明

1. 适用范围

适用对象：中小学思想政治教师、思想政治教育专业学科硕士、思想政治教育专业师范本科生、中学政治学科教研员。

适用课程：政治课程与教学论、学校思想政治教育、政治课教学设计与案例研究等。

2. 教学目的

（1）学会运用教学理论分析教师专业成长中出现的现实问题。

（2）能站在思想政治专业教师和教科研人员角度，了解教师专业发展瓶颈，对解决教师专业发展瓶颈进行深度剖析，并根据实情，思考构建专业成长共同体以解决瓶颈问题的对策。

3. 要点提示

（1）相关理论

教师发展理论：教师是独立个体、独特个体、发展个体，认识教师成长与发展的规律性与不确定性。

教学理论：建构主义理论、后现代主义、多元智能理论等。

马克思主义哲学：物质决定意识，一切从实际出发；矛盾具有特殊性，具体问题具体分析;联系具有普遍性,用联系观点看问题。

(2) 关键知识点

名师成长共同体通过设定目标,积极开辟多种路径,开展理论研修和实践演练,通过专家引领、外出学习、成员互动交流,可以实现共同体成员的共同成长和专业发展。

(3) 关键能力点

运用系统优化理论,多角度分析、全面把握教师专业发展瓶颈,对构建专业发展共同体的原因、运作方式、具体要求深入理解并加以实际运用。

(4) 案例分析思路

运用系统分析的方法,从是什么、为什么、怎么办三个角度对构建名师成长共同体深入分析。先分析构建名师成长共同体的现实意义,在深入理解现实意义基础上,分析共同体成员的现状,了解其发展需求,最后针对性地提出构建共同体的相关策略和具体要求。

4. 教学建议

参见"案例三"。

5. 推荐阅读

[1] 苏霍姆林斯基. 给教师的建议[M]. 北京:教育科学出版社,1984.

[2] 庞维国. 自主学习——学与教的原理和策略[M]. 上海:华东师范大学出版社,2003.

[3] 申屠待旦. 中学政治优化教学论[M]. 天津:天津教育出版社,2006.

[4] 周家亮. 思想品德教学研究与设计[M]. 济南:山东人民出版社,2006.

[5] [美]约翰.D.布兰思福特等编著. 人是如何学习的[M]. 上海:华东师范大学出版社,2013.

[6] [美]罗尔斯. 正义论[M]. 何怀宏等译. 北京:中国社会科学出版社,1988.

[7] [美]杜威. 民主主义与教育[M]. 王承绪译. 北京:人民教育出版社,1990.

[8] 华东师大、浙大教育系主编. 中国古代教育论著选读[M]. 北京:人民教育出版社,2000.

[9] [英]伯特兰·罗素. 教育与美好生活[M]. 杨汉麟译. 石家庄:河北人民出版社,2001.

[10][苏]巴班斯基.教育过程最优化[M].吴文侃等译.北京:教育科学出版社,2001.

[11][美]罗森塔尔,雅各布森.课堂中的皮格马利翁——教师期望与学生智力的发展[M].唐晓杰,崔允漷译.北京:人民教育出版社,1998.

[12][美]布鲁纳.教育过程[M].邵瑞珍译.北京:文化教育出版社,1982.

[13][加]马克斯·范梅南.教学机智——教育智慧的意蕴[M].李树英译.北京:教育科学出版社,2003.

[14][英]约翰·洛克.教育漫话[M].徐诚,扬汉麟译.石家庄:河北人民出版社,1999.

[15][美]R.J.斯腾伯格.成功智力[M].俞晓琳译.上海:华东师范大学出版社,1999.

[16]陶行知.陶行知文集[M].南京:江苏教育出版社,2001.

[17]郭齐家.中国教育思想史[M].北京:教育科学出版社,1987.